浙江大学创新范式研究组成员

吴朝晖　中国科学院院士、人工智能专家，工学博士

黄云平　浙江大学发展规划处副处长，法学博士

白惠仁　浙江大学哲学学院“百人计划”研究员，哲学博士

李拓宇　浙江大学中国科教战略研究院副研究员，管理学博士

李佳伲　浙江大学公共管理学院博士研究生

国家社会科学基金重大项目“习近平总书记关于科技创新的重要论述研究”
（22&ZD003）成果

创新范式

日用而不觉的变革力量

浙江大学创新范式研究组　编著

ZHEJIANG UNIVERSITY PRESS
浙江大学出版社
·杭州·

图书在版编目(CIP)数据

创新范式：日用而不觉的变革力量 / 浙江大学创新范式研究组编著. —杭州：浙江大学出版社，2024.4
ISBN 978-7-308-24807-5

Ⅰ.①创… Ⅱ.①浙… Ⅲ.①技术革新—研究—中国
Ⅳ.①F124.3

中国国家版本馆CIP数据核字(2024)第071695号

创新范式：日用而不觉的变革力量
浙江大学创新范式研究组 编著

策划编辑 吴伟伟
责任编辑 马一萍
责任校对 陈逸行
封面设计 周 灵
出版发行 浙江大学出版社
(杭州市天目山路148号 邮政编码310007)
(网址：http://www.zjupress.com)
排 版 浙江大千时代文化传媒有限公司
印 刷 杭州宏雅印刷有限公司
开 本 710mm×1000mm 1/16
印 张 13.25
字 数 181千
版 印 次 2024年4月第1版 2024年4月第1次印刷
书 号 ISBN 978-7-308-24807-5
定 价 78.00元

序

习近平总书记深刻地指出:“在激烈的国际竞争中,惟创新者进,惟创新者强,惟创新者胜。”①正是有了创新,世界的发展长河才始终奔流不息,人类的进步图景才始终日新月异。随着第四次工业革命和第二次机器革命的叠加推进、融合发展,创新的战略性、渗透性、赋能性日益彰显,迭代升级的进程越发快速。面对风起云涌的创新浪潮和层出不穷的科技产品,人们总是试图揭开创新的“神秘面纱”,一探创新制胜的奥秘。为什么古今的科研方法会有差异?为什么拥有不同学科背景的科学家能结成创新共同体?为什么现在的创新链条越来越贯通?……关于创新的底层性逻辑、根本性力量,人们有太多的为什么要问,而所有问题的答案均指向了创新范式。创新范式与创新相伴而生、如影随形,具备统一创新理念、形成创新共识、确立创新方法、优化创新结构等功能,可以通过自身的更替不断影响创新的主体、创新的组织、创新的形态等,展现持久深沉的改造力和牵引性,成为日用而不觉的变革力量。

放眼过去,创新范式经历了内涵不断拓展、类型不断丰富的过程。虽然创新范式源于创新理念与范式框架的内生性融合,但人类对它的理解已跳过了一般性考察和浅层次认识的阶段,转而寻求更为系统、更加立体的

---

① 习近平. 在欧美同学会成立 100 周年庆祝大会上的讲话[N]. 人民日报,2013-10-22(002).

呈现。从本体论看，创新范式是有关创新知识重组优化、科学理论变革升级等规律的共同认识；从认识论看，创新范式是有关创新链条衔接、创新任务分配等规则的共同认识；从方法论看，创新范式是有关研究方法运用、创新步骤革新等规程的共同认识。在创新范式动态演化的进程中，科学研究范式获得了更为高阶的发展，迭代出了实验科学、理论科学、计算仿真模拟、数据密集型科研等类型，而技术攻关范式、技术应用推广范式进一步挣脱了创新链条的束缚，成为独立于科学研究范式的范式类型。

立足当下，创新范式正处于新一轮的更迭之中，转型升级的趋势不断强化。创新共同体在区域、国家等层面延展，逐渐由追求知识增长和满足好奇心的学术型科学共同体、为经济增长提供有用知识的职业科研共同体发展为促进社会福祉的科技创新共同体。伴随着创新共同体的扩张，科学整体化、技术群体化、科学技术一体化的迹象更为明显，特别是基础研究、应用研究和产业创新的界限日益模糊，政府、大学、企业、科研机构等主体的异质性和协同性并存，科学研究范式、技术攻关范式、技术应用推广范式进一步联动融合。创新由人人协作转向人机协同，“人主导-机辅助”的模式逐渐被“人机融合”参与创新全过程的模式取代。

展望未来，人工智能驱动的创新范式（AI for innovation）成为大势所趋。人形机器人、合成生物学、量子信息等前沿领域和颠覆性技术不断涌现，信息、生命、物质等多学科群的交叉会聚进一步加速了以智能化科研为代表的创新范式迭代，最为典型的是人工智能驱动的科学研究（AI for science）、人工智能驱动的技术创新（AI for technology）、人工智能驱动的场景应用（AI for fields）共同组成了人工智能驱动的创新范式（AI for innovation）。受此影响，异质创新主体将在更深层面结成创新共同体，多种创新体系将在更大场域成为紧密连接者，不同创新认知将在更多维度形成相同创新观。可以预见，我国作为人工智能驱动的创新范式的先行倡导者和主要践行者，将有望借助新一轮创新范式的转型而加速建成世界主要科学中心和创新高地。

无论过去，还是现在，抑或未来，关于创新范式的解读众说纷纭、莫衷一是。《创新范式：日用而不觉的变革力量》在吸收全球关于创新范式的观点基础上进行了有益思考和深入研究，提供了一个整体性解读、立体式分析创新范式的新思路。本书是浙江大学创新范式研究组的集体研究成果，它以九章的形式论述了当前有关创新范式最为重要的主题，用观察者的视角重新阐释了创新范式的丰富内涵，分析了创新范式转型的主要趋势，回顾了科学研究范式的迭代进阶历程，探究了技术攻关范式的层级结构、转换机理及其影响等，并将相关的研究成果结集成书，以期在理论界和实务界引发更多共鸣、形成更广泛共识，成为系统性了解创新范式的重要参考资料。

是为序。

吴朝晖　中国科学院院士

2024 年 1 月 12 日

目　录

第一章　创新范式内涵的新认知

创新范式源于创新理念与范式框架的内生性融合，从科学范式到技术范式，再到创新范式，呈现了科学不断与社会和经济相交织的趋势。创新范式可以概括为科研共同体开展科研创新、解决创新问题所共同遵循的知识体系、理论模型和基本方式，是关于从事科研工作的基本思维、共同信念、主要范畴，包括但不限于共同认可的理论、法则、定律、假说、范例、方法和工具等。从本体论看，创新范式是关于创新知识重组优化、科学理论变革升级等规律的共同认识，如现代物理学的产生得益于相对论、量子力学等对经典物理学的改造、修正；从认识论看，创新范式是关于创新链条衔接、创新任务分配等规则的共同认识，如人类借助科学技术的力量不断促成宗教和科学的分离、科学与技术的结合、科技与产业的融合，涌现了以人为中心的新自然哲学等哲学形态；从方法论看，创新范式是关于研究方法运用、创新步骤革新等规程的共同认识，如科研探究的驱动力经历了科学家的好奇心驱动、产业创新驱动、国家组织引领等历程，形成了基于观察的归纳法、基于数学建模的演绎法、基于模型拟合的计算机仿真等。[①] 在科技史上，创新范式的内涵经历了不断深化的过程。

① 吴朝晖. 主动引领创新范式转型，争做新物质科学的开拓者——在“基于范式转变的新物质创利”西湖学术论坛上的报告[R]. 杭州：浙江大学，2021-12-15.

一、范式的源流与发展

“范式”是由托马斯·库恩（Thomos S. Kuhn）在其《科学革命的结构》（*The Structure of Scientific Revolutions*）一书中所提出的。科学家们遵循基本的思考方式和研究方法展开科学研究，而遵循哪种方式和方法是由范式所决定的，“它们的成就空前地吸引一批坚定的拥护者，使他们脱离科学活动的其他竞争模式。同时这些成就又足以无限制地为重新组成的一批实践者留下有待解决的种种问题。凡是共有这两个特征的成就，我们此后便称之为‘范式’”[①]。范式随后被广泛运用于科学、技术和创新等各领域，用以描述某个阶段的整体特征和趋向。

（一）科学范式的提出

库恩的科学范式是科学研究的基本框架，包括共同的理论、方法和实践准则。范式指导科学家的研究工作，影响科学研究的方向和方式。在《科学革命的结构》中，“范式”一词大体上有两种用法：一是指科学共同体所共有的东西，作为信念、价值、技术等构成性因素的集合。这一用法也曾被称作“学科基体”（discipline matrix）。二是以科学共同体以往的某项显著的成就作为范例，为成员提供一套“解难题”的操作路径和认知模型。前者被用以解释科学革命，后者通常体现在常规科学中；前者侧重于科学的社会结构（social structure），而后者则侧重于科学的认知结构（cognitive structure）。

范式在科学界具有权威性和稳定性，科学家们遵循范式来进行研究和交流。由于库恩对范式的阐释具有很大的包容性与多义性，“范式”概念具

① 托马斯·库恩. 科学革命的结构[M]. 四版. 金吾伦，胡新和，译. 北京：北京大学出版社，2003：9.

有丰富的内涵与使用场景。有学者总结了范式的21种含义，包括元范式、社会学范式、人工范式或构造范式三类。[①] 之后，为了进一步澄清范式概念，库恩在《科学革命的结构》日文版后记以及对“范式的再思考”的发言中再度阐释了范式概念，他指出，“一个范式就是一个科学共同体的成员所共有的东西”，“一个科学共同体由共有一个范式的人组成”[②]。因此，“范式”一词无论在实际上还是在逻辑上，都很接近于“科学共同体”这个词。一种范式就是一个科学共同体共有的东西，包括共同的研究目标、学术观点、概念术语行话、交流方式等，反过来也正是由于他们掌握了共有的范式才组成了这个科学共同体。总的来说，我们可以从以下几个方面来理解“范式”：(1)理论的结构、模型、框架是范式的核心内容；(2)范式为学科提供基本观点与基本方法；(3)范式只可意会，不可言传；(4)范式是规定或影响整个学科各个方面的基本部分。

(二)技术范式的发展

在库恩提出科学范式之后，乔瓦尼·多西(Giovanni Dosi)又提出了技术范式(Technological Paradigm)。多西所称的技术范式是指在特定时间和领域内，对于技术发展和应用的一种主导思想或模式，它反映社会、经济和科技方面的共同信念、价值观和方法论。技术范式可以影响和指导人们对于技术创新、发展和应用的理解和实践。在克里斯托夫·弗里曼(Christopher Freeman)和科恩拉德·德巴克尔(Koenraad Debackere)等人的完善下，技术与其他学科理论体系相融合，形成了技术经济范式(Techno-economic paradigm)、产业技术范式(Technological paradigm as

---

① 伊雷姆·拉卡托斯，艾兰·马斯格雷夫.批判与知识的增长[M].周寄中，译.北京：华夏出版社，1987：83-84.

② 托马斯·库恩.必要的张力——科学的传统和变革论文选[M].范岱年，等译.北京：北京大学出版社，2004：293.

being industry specific)和社会技术范式(Socio-technological paradigm)等。[①] 可以说技术范式的内涵是库恩思想在经济学中的推广,是以新的视角考察技术对经济发展的作用机制,从而更好地解释技术的转移与扩散等问题。[②]

技术范式的变迁可能会引发创新,如新型研发机构就是一种新的技术范式培养模式,由单一的技术攻关转向多主体协作,这种模式也顺应了技术范式的创新需求。新的技术范式的形成常常伴随着创新的发生,创新也可以被看作技术范式演变的推动力之一。通过新的发现、新的技术应用推动技术的进步和范式的更新,如工业时代的机械制造范式到信息时代的数字化和互联网范式的转变。因此,可以这样判断,技术范式提供了一种基本的发展方向,而创新活动则是推动技术范式演进的主要动力。

20 世纪后半叶,关于国家与区域创新能力的讨论无疑改变了我们关于科学知识的叙事方式。这一概念也刻画了知识经济与创新活动之间的互动关系,即知识经济的发展主要依赖于知识的创新,只有通过知识创新,才可以创造出比传统生产实践高出许多倍的经济效益。为此,科学和技术的目标转向"创新"也就成为必然。

(三)创新范式的定位

随着人们对创新需求的扩大,创新形成了主流的范式,进而指引创新研究的内容和方向,它包括了创新的类型、方式、规律等,反映了创新活动的一些共同特征。熊彼特最先提出创新理论,他认为创新主要包括三种类型:企业家精神与创新、技术创新和创造性破坏。20 世纪 90 年代,日本学者管真书雄(Fumio Kodama)提出了创新范式(Innovation paradigm)这一

---

① 金晶,孙启贵,汪琛.技术范式的演进脉络研究[J].科技传播,2022,14(6):1-5,11.

② 郑雨,沈春林.技术范式的结构与意义[J].南京航空航天大学学报(社会科学版),1999(1):66-70.

概念，阐释技术、经济、文化与社会之间的交互作用，以及在国家层面上技术发展和经济增长的相互关系。[①]

创新范式是对创新知识、科学理论等要素分化与重组规律的共识。技术范式和创新范式之间存在相互关联，二者共同推动了科技和产业的发展。在新兴技术和新兴产业迅速发展，尤其是以信息技术扩散融合为特征的新一轮技术变革全面展开的背景下，互联网、大数据、人工智能与实体经济之间的科技创新深度融合已经是不可逆的趋势，科学范式与技术范式的演变愈加复杂、主体越来越多元化，更加需要形成新的创新结构与创新范式。相比科学研究范式和技术范式，创新范式更关注不同主体与产业之间的交互合作以及技术扩散作用。

创新范式是动态演化的，随着社会、经济、技术等的发展，新的创新范式不断涌现。常规时期渐进式的创新是在已有的创新范式内进行逐步改进和优化。重大变革阶段则将产生突破式创新，引入全新的创新模式和思想，颠覆传统的产业和研究格局。新的创新范式的更迭主要有以下几个驱动力。

一是市场需求，包括消费者导向的创新和需求驱动的创新。创新经常源于对市场的理解和对消费者需求的回应。企业通过研究市场趋势和消费者行为，发现产品、服务的缺陷或市场的需求，从而寻找创新的机会。当市场中存在对新产品、新功能或更好性能的需求时，企业为了满足这些需求而进行创新。这可能涉及产品的改进、定制化、新功能研发等。

二是技术进步。新的科学发现和技术突破为创新提供了基础和新的可能性，推动了各个行业的发展，如新的材料、先进的生产技术、数字化的出现可以催生新的产品和服务。企业通过不断进行研发和实验，探索新的技术解决方案，提高产品性能、创造更高效的生产流程或者开发全新的产品。

---

① Kodama F. Emerging Patterns of Innovation: Sources of Japan's Technological Edge [M]. Boston: Harvard Business School Press, 1995: 12.

三是竞争压力。激烈的市场竞争迫使企业不断寻求创新,以保持或取得竞争优势。企业需要不断改进产品、服务、流程,以吸引更多客户,提高市场份额。竞争对手的成功创新通常会引发其他企业的模仿,并在此基础上进行超越,这种竞争性的模仿和超越过程一定程度上可以加快行业内的创新速度。

当前,由于创新实践活动的复杂性与多样性,对于创新范式的研究以基于实用主义以及工具主义视角的研究为主流,呈现出创新范式的"丛林"现象。[①] 目前存在的创新范式主要有:以用户为主体聚焦于经济价值的用户创新;以企业为主体聚焦于社会价值和内外部知识交互的负责任创新与开放式创新;因行业的新进入者对传统市场价值网络与技术、产品和商业模式的重构形成的颠覆式创新;聚焦于国家价值的整合式创新;基于多主体的社会创新、公共创新;人工智能驱动创新等。不同理论间缺乏关于哲学结构以及逻辑基础的探索,进而影响创新范式指导创新实践的能力。因此,为创新范式建立一个一般的理论基础非常重要。库恩范式理论既揭示了科学发展模式的基本结构,又以科学创新为导向,对建立创新范式的结构具有重要意义。

二、创新范式的本体论指向

路德维希·维特根斯坦(Ludwing Wittgenstein)的论证将我们引向一种新的规范方式,将交织在生活实践中的语言使用、行为和认知的共同体理解为构成性的和规范性的。库恩对常规科学的分析表明,知识的本质是活动和实践过程的集合,科学家在实践情境中模仿范例进行解谜活动,他们拥有怎样的眼界,用何种方式行事都受到特定范式营造的氛围和环境影

① 谢荷锋,蒋晓莹.创新范式:概念建构、理论基础与演化评价研究进展述评[J].中国科技论坛,2023(7):42-52,62.

响。遵守规则是一种实践，而库恩认为规则必定蕴含在特定的范例中，通过实践过程的解释来呈现。在实践中，创新也总是依照成功案例的轨迹进行，汲取已有的创新模式和创新机制的经验，从而形成了同科研范式一样的规范。因此，从本体论看，创新范式是关于创新知识重组优化、科学理论变革升级等规律的共同认识。

（一）创新范式的本体论基础

在范式的演变过程中，创新范式本质上和库恩叙述的从常规科学到科学革命的进程基本一致。库恩认为科学的发展不是线性的，而是通过范式的形成、演化和转变来实现的。科学范式的演化是指随着时间的推移和科学的发展，科学范式会逐渐发展和完善。科学家们在新的范式指导下进行研究，发现新的事实、提出新的理论，逐渐改进和扩展原有的范式。科学的知识和理论会不断积累和深化，科学的发展呈现出渐进的特点。然而，库恩也指出科学范式的演化并不总是平稳的，当科学遇到困境或存在无法解决的问题时，科学范式可能会被挑战和质疑，此时就会引发科学革命，即科学范式的转变。这种挑战和质疑可能来自于新的观察、实验结果，或者来自于其他学科的交叉影响。在科学革命中，旧的范式被新的范式所取代，科学界的研究方向和方法就会发生根本性的改变。

创新也通过范式的不断转变实现发展，包括混合驱动模式下的科学研究范式、开放协同条件下的技术攻关范式，以及将科技创新与产业创新结合的应用推广范式，其中可能存在范式的并存、竞争，或不同程度的融合与吸收。特定的创新研究者和创新共同体遵循基本的创新概念、价值与方法论，但创新范式在不断演化和变革，在创新过程中面临难题或阻力时就需要“信奉”新的创新结构，必要时抛弃原有的范式便会触发竞争与革命，所以同一时期不同的范式可能会多元共存。“创新是一类充满探索性和创造性的工作，其任务在于探索和建立创新要素的‘新组合’，这种‘组合’构成创新范式的核心”,因此,也可以说“创新的实质在于实现创新范式的建立和新旧范式之间的结构性转换”[①]。

库恩的范式理论可以帮助我们构建创新范式的本体论根基,创新范式与科学范式在基本框架上是一致的。因此,从本体论的角度看,无论是常规时期遵循范式进行创新活动还是创新范式发生变革,都内在于范式的哲学框架中。

(二)创新范式的本体论特征

创新探究的是人类社会和经济生活中面临的问题,希冀创造更大的价值与更好的物质条件,因而相比于科学范式和技术范式,创新范式的面向更广。创新范式在某些方面与库恩的科学范式存在着区别,创新范式较科学范式具有更大的开放度、更高的参与性和更多的不确定性。在价值层面,创新通过新旧范式转化创造价值。[②] 与传统科学范式不同,创新范式跨越了传统科学范式的基础研究与产业应用转化之间的鸿沟,通过知识、经济、社会及公共服务等多维系统的交互作用沿着知识创新价值链向后延展,直至形成产业化的样机、原型或解决方案等。从应用边界看,库恩的科学范式主要用于科学内部对科学规律以及科学理论的解释与预测,创新范式则扩展至科技、经济、文化、制度和组织等要素及其互动,应用边界更为深广。

第一,创新范式的基本特征是系统性协同。传统形式下的创新往往局限于单一的领域,由于制度和区域条件的限制,不同领域的科技成果和技术资源往往无法整合集成,这就导致传统的创新效率极为低下。主体间的协同则能够突破单一领域的限制,击破创新主体之间的壁垒,使得不同社

---

① 李福,曾国屏.创新的哲学内涵:基于库恩范式理论的解释[J].长沙理工大学学报(社会科学版),2015,30(6):21-26.

② 金吾伦.创新的哲学探索[M].上海:东方出版中心,2010:71-73.

会领域之间可以共享资源和成果，这样可以充分促进各创新要素的流动和组合，从而实现对创新要素和资源的高效整合和集成，极大地提高社会创新的效率，避免资源浪费或者重复使用。因此，我们可以将创新范式的一个特征总结为协同，无论是个体和企业主导的创新还是以国家为核心的创新都离不开协同，这是一种对库恩的科学范式和科学共同体的超越。通过协同创新的模式，不同学科和行业之间的隔阂能够被突破，体制限制下各部门、各区域之间的创新资源和要素能够被充分释放并实现资源共享，这不仅能够激发企业创新活力，同时也为深化科技体制改革提供了强大的推动力。在此意义上，创新范式是一种从整体角度出发的开放式创新，其目的就在于促进科学共同体、大学、研究机构、企业和政府之间的深入合作，探求和构建适应各种需求的创新模式，为创新主体营造有利于进行创新活动的良好环境和积极氛围，实现创新与科学之间的良性互动。

第二，创新范式的突出特征是开放性共同体。库恩科学范式针对的是科学内部的知识创新问题，以科学家为代表的专业研究人员为共同体的主要成员。在后学院科学时期，科学共同体的成员构成已经从单一的科学家群体向企业、政府和科学家三个群体结合转变。实际上，政府和企业对科学研究和实践的介入是自发的、协同发展的，企业、政府和科学家这三个主体在协同的作用下构建为一个新的创新共同体，并在此基础上展开科学知识生产和科学研究活动。

创新共同体，是继小科学共同体、产业化科学联盟后，涌现的一种新的科学实践生态。一直以来，无论在哲学叙事上还是具体实践中，科学与社会之间的契约被不断重塑，从内部主义的自省到外部主义的干预，如今又回到了“内部”的再自省。也就是说，在某种程度上，创新共同体是对传统科学共同体的超越，只不过这里涉及的不再是单一的科学主体，而是与之相关的一切主体。创新的主体性是多样化的，既可以以基础研究为导向，也能以产业需求为目标，且赋予公众以非科学家的姿态参与知识生产、决策制定与新规则生成的机会。

(三)创新范式的本体论趋势

创新拥有无限可能性,原因在于这种实践活动没有特定的方向,同时也突出了科学发展过程中的复杂性,其中如何应对文化差异乃至社会差异带来的矛盾是关键。只要创新持续进行,科学发展就会一直面临这样的问题。“科学像艺术一样是真正的创造性活动。”[①]因为科学研究面对的是充满未知与变动的现实世界,所以科学的实践活动模式是一种充满想象力的创新。在科学活动中“想象以及对猜想的潜在可能说明进行富有想象力的探索,都是不可缺少的”。[②] 因此,创新范式随着具有创造力的创新活动的持续发生不断涌现出新的特征与趋向。

一是创新范式在知识重组、理论更新中迭代进阶。科学范式经历了以记录和描述自然现象为特征的实验科学范式,以提炼普适性原理为特征的理论科学范式和以计算机科学为支撑的计算模拟仿真范式,正处于以数字科技为引擎的第四研究范式,并开始向新的“AI for science”转型,技术的发展逐渐成为范式转变的核心推动力,如“计算+实验”,极大地推动了文理渗透、理工交融,有望形成艺术技术学等新学科。[③]

二是创新范式向系统性网络化创新转型。面向未来,新一轮科技革命和产业革命正在深入进行,未来科技创新将对人类经济社会的发展产生决定性影响。创新范式开始从线性创新、协同创新转向系统性网络化创新。在新的创新范式下,“科学研究、组织方式正在数字化、网络化、全球化的驱动下发生深刻变革,大科学装置、大科学工程、大科学计划等新模式正在重

① 乔治·萨顿.科学的历史研究[M].陈恒六,刘兵,仲维光,编译.上海:上海交通大学出版社,2007:173.

② 苏珊·哈克.理性地捍卫科学[M].曾国屏,袁航,等译.北京:中国人民大学出版社,2008:207-208.

③ 吴朝晖.应对变局 开拓新局 以卓越创新引领学校“十四五”改革发展新征程——在浙江大学2020年暑期工作会议上的报告[R].杭州:浙江大学,2020-08-24.

构现代科研体系”。[①] 基础科学研究正在不断突破人类的认知边界，并融合信息技术、生物技术、纳米技术和认知科学等研究成果，推动跨学科交叉与创新。与此同时，创新的协同与创新组织的不断优化重组是必然趋势，随着科学复杂性和综合性的提高，建立创新共同体之间的话语体系与合作关系将成为常态。

三是创新范式的变革将引领全领域创新。“创新范式”这一概念的提出本身就是为了满足科学发展的创新需求。如今，人机融合智能快速发展，由人、机与环境系统相互作用产生的新型智能形式将对创新范式产生颠覆式影响。人机合作模式可以结合人的先验知识和硬件传感器采集的客观数据，融合人的认知与计算优势，构建一个新的理解系统，最终优化决策与判断。通过人工智能技术完善集体协作模式的应用，实现资源开放共享。人机共生的伙伴关系促使各领域围绕问题高效协同，形成体系化的创新方式。[②] 研究表明，AI（人工智能）对传统科研领域具有驱动作用，不仅为科学发现提供了新手段，也为科学理解提供新途径。[③] 在未来，创新将不仅存在于物理空间，同样发生于互联网等虚拟载体，人与虚拟载体将在创新领域形成新的交互共进关系。

总之，创新范式在本体论上为科学创新提供了理论框架和思考方式，帮助我们更好地理解科学发展和变革。当科学遇到困境或存在无法解决的问题时，创新范式会指导我们运用新方法发现新理论与新现象，从而满足现实世界对于创新的需求。放眼全球，人类正遭遇生态环境破坏等全球性危机，面临灾害防御等可持续发展挑战，迫切需要创新范式变革，以形成一个全面、综合的问题解决框架，特别是通过构建政产学研用等多方主体

---

① 任志宽，李栋亮，谈力. 面向 2035 年全球科技发展态势研判与中国应对策略[J]. 科技管理研究，2022，42(10)：34-40.

② 陈套，贾宝余. 数字时代的科研范式变革与组织模式创新[J]. 科技智囊，2023(9)：33-44.

③ 李建会，杨宁. AI for Science：科学研究范式的新革命[J]. 广东社会科学，2023(6)：81-92，289-290.

共同参与的网络来解决和应对复杂的科学问题和社会挑战。

三、创新范式的认识论指向

当前，创新已渗透至自然科学、社会科学、人文科学等各个方面，构成了最具生命力的时代底色。它是一种创造性的人类社会实践，其内在认识论指向是在特定的时空条件下，创新主体在运用其思维认识能力的基础上改造其面对的对象，并不断地将其自身目的、知识、情感等主体性力量加以对象化，从而使科技创新客体按照人的意向、本质力量和价值尺度被塑造为适应主体需求的创新成果。从认识论解构，创新范式是关于创新链条衔接、创新任务分配等规则的共同认识。

（一）创新范式的认知基础：主动建构

随着科学研究发生了由传统的"从世界到心灵"的"表象主义"(Representationalism)哲学观，向"从心灵到世界"的"建构主义"(Constructionism)的认识论转变，创新范式也具有了新的认知视角。从克洛德·列维-施特劳斯(Claude Levi-Strauss)到费尔南·布罗代尔(Fernan Braudel)和雅克·拉康(Jacques Lacan)，从路易·皮埃尔·阿尔都塞(Louis Pierre Althusser)到库恩和早期的米歇尔·福柯(Michel Foucault)，他们纷纷把目光转向人的认知机制和认知结构。行动者被绑定在那些社会的或认知的无意识结构中，他们的行动以及随之而来的结果无疑也受制于这些结构，这一转向开启了一条对认识论的经验性描述之路。而路德维希·维特根斯坦在其《哲学研究》中创立了一种新型的哲学，认为哲学不是理论而是一种活动，这为社会建构论提供了机遇。创新作为一种文化活动，与整个社会过程是紧密联系在一起的。创新活动是认知与社会、文化历史过程之间的互动关系，是一种介入与参与，创新不是一个发现的过程,而更像我们的发明,是主动构建出来的东西。因此,创新是一种人与世界互动中的主动创造性活动,在人与外在研究对象的交互中不断构建新的联结,在这一过程中形成主客体之间的稳定交互方式。

从心灵到世界的方向是纯粹描述性的认知状态,这一过程不再仅仅是被动地从世界获取信息和刺激,而是更多地强调人的主动参与。举例来说,虚拟现实技术(VR)就是对"从心灵到世界"的视角的极大拓展和丰富,虚拟现实技术通过模拟数字世界,让人们可以像身处真实世界一样进行感知。具体来说,人类通过头戴式显示器、手柄、身体追踪器等装置和虚拟现实技术与数字世界进行交互,使得人的感官可以更深刻地与数字世界融合,而且这种交互是人自主发起的。在这个过程中,人的感官不断地向数字世界发出信号并获得对应的反馈,模拟真实世界的建构过程,从而形成了一种实质性的参与状态。与此同时,通过虚拟现实技术还可以实现身临其境的感受,人们可以更加深入地体验所处环境,从而主动地探索和构建自己的认知模型。从心灵到世界的创新模式强调了人的主动参与,从而从根本上改变了我们对于真实世界的认知方式。

认识论意义上的创新范式转换也意味着传统主客体关系界限的模糊,如"人机协同"创新范式越来越成为主流的创新范式之一。与传统的"人人协作"相比,"机器不再只是'冰冷'的生产工具,而是与人类密切协作,共同推动生产方式从效率型向创新型转变的能动要素(enabler),成为人类的新同事"。[①] 创新范式不是一个固定的、静止的知识体系,而是一个动态的、主动建构的探究过程,也是一个不断打破固有模式和固态联结的过程。

---

① 任宗强,陈淑娴.人机协同创新:面向智能制造的创新新范式[J].清华管理评论,2021(11):24-31.

(二)创新范式的认知转换:协同演进

创新作为人类社会发展与进步的最关键和最重要的基本形式,其过程具有不确定性特征,新范式取代旧范式的过程也就是创新的过程,创新既拥有范式的转换特性,也拥有强调价值创造的价值属性。① 那么,是什么促使了创新范式的转换?它在何种意义上推动我们的认知进步?如何帮助我们重新理解世界?

毫无疑问,科技与创新主体的交互不断推动着我们的认识论变革。以新一代智能科学体系——人机融合智能为例,人机融合智能结合了物理性与生物性,主要侧重人颈部以上的大脑与机器的"电脑"相结合的智能问题。其智能输入端不单纯依靠人感知到的主观信息或硬件传感器采集的客观数据,而是结合人的先验知识将二者有效联系起来,以形成一种新的输入方式;在智能产生的重要阶段,也就是信息处理阶段,人机融合智能将人的认知方式与计算机的计算能力相结合,从而构建出一种新的理解世界的途径。

"人机协同"的创新范式的变革性转换,不仅直接产生了新的创新成果,而且带来了整个创新认识体系与方法体系、生产体系与管理体系的相应更新和调整。在创新范式转换的过程中,创新共同体的整个认识体系、世界观、解谜方法等都发生了根本性变化。以综合的视角看,不同的创新共同体基于的信念、规范、承诺及实践方法都发生了变化;以局部的视角看,不同的创新共同体依据的范例、模型、符号等词汇系统产生了差异。

创新范式转换的本质在于创新主体从原来的认知框架和思维模式中脱离,创造出一套新的解释和理解构架,以及与之相对应的价值评判体系。②

---

① 金吾伦.创新的哲学探索[M].上海:东方出版中心,2010:252-254.

② Steiner C J. A Philosophy for Innovation: The Role of Unconventional Individuals in Innovation Success[J]. Journal of Product Innovation Management, 1995, 12(5):431-440.

但与库恩的格式塔转换不同，创新范式的认知变革是一种协同演进的模式，协同的范围不断扩大，主体更加多元，呈现出非线性的、网络式的更迭。同时，新的创新范式与旧有范式之间也存在着协同，如人机协同创新范式与人人协作创新模式之间多元并存，交叉服务于创新实践。总体来说，创新范式在转换的过程中推动人类认知的进步，通过新的主体、媒介、认知工具的逐渐纳入，认知手段和效率得到飞跃式提升。

（三）创新范式的认知原则：开放融合

在思想层面，创新范式的认识论关涉创新思维及视角的转变、创新范式的转换，以及在这整个过程中如何理解创新进步的标准。在个体层面，创新范式要求我们在认识论上遵循“开放融合”的观念和原则，这意味着所有创新主体都应拥有：(1)开放的心态，愿意接受新的观念和思维方式，从不同的角度看待问题；(2)冒险的精神，勇于打破常规，尝试新的思路和方法；(3)团队合作意识，创新往往需要思维碰撞，应倾听和尊重团队意见。在整体层面，第四次工业革命正是一个开放融合的时代，其核心特征是数字化和智能化，契合了创新范式系统性的“开放”与“融合”两大特征。其中，数字技术正成为“开放科学”实践的关键推动者。科学家可以利用网络和云平台来共享数据集、建立科学知识库，并进行在线协作和交流，这种“开放”的新范式在促进科研创新方面具有重要意义。例如，通过共享数据和知识，不仅能够避免重复劳动，还能够为其他科研人员提供新的思路和资源，提升科学发现的速度。

此外，创新范式带动各学科领域融合，如云计算、大数据、人工智能等技术快速迭代，为企业和组织提升了获取、存储、分析和利用大量数据的能力。物联网、身联网等技术连接物理和数字世界，使得各种设备和系统可以互联互通并实现智能化的控制与管理。这些技术的发展和应用，正在催生新的商业模式和产业生态，推动着全球经济的转型升级。因此，在延续各学科经过历史检验的本体论、认识论、方法论的传统基础上，更要推陈出新，推进各学科各领域的“视域融合”与“认知融合”。

创新范式遵循开放与融合的原则既是认知主体的必然选择，也是时代发展的必然要求。这一原则使得创新者能够从不同领域、行业和文化中汲取多元的思想，加速知识传播，降低创新风险。通过融合不同领域的知识和经验，创新者能够更全面地考虑问题，有助于提高项目的成功概率。同时，开放融合意味着：一是可以接受来自外部的反馈和变化，提高创新的适应性，使得创新能够更好地适应不断变化的环境和市场需求；二是可以形成创新生态系统，吸引更多的参与者，包括企业、学术机构、创业者等，推动资源共享；三是可以激发创新文化，鼓励创新者分享思想、经验和资源，催生更多的创新实践。

四、创新范式的方法论指向

从方法论来看，创新范式是关于研究方法运用、创新步骤革新等规程的共识。在不同的时期，这种共识基于不同的共同体达成。在库恩看来，常规科学时期达成并维持共识的方式是依靠具有指导作用的范例，通过范例理解范式中的理论。而科学革命的出现通常意味着科学界内发生了重大的理论和方法的改变，以及科学共同体的重大分歧，科学家通常不再遵循之前的范式，而是寻求新的范式或理论来解释现象。这种变革通常不是渐进的，而是突变的，它颠覆了过去的科学体系，导致新的科学范式的确立。

（一）创新范式方法论发展概览

在创新范式的常规时期和科学革命两种状态下，方法论有很大的不同。在常规时期中，创新主体遵循已有的范式来进行研究，他们使用共同的方法和工具，以确保他们的研究结果是可重复和可验证的。这种方法论强调对已有知识的积累和延续，以进一步发展领域内的知识。然而，在科学革命时期，创新方法论发生了重大改变。因为旧范式无法解释新的结果，科学家们不再遵循已有的创新方法和理论。相反，他们可能采取更富创造性的方法，包括进行新的实验、提出新的理论或重新思考问题。科学革命时期的科学家更加富有冒险精神，他们需要面对不确定性和争论，通过建立新的范式和创新理论体系找到新的创新道路。

曼哈顿计划后大科学兴起，科学研究开始成为以政策为导向、以经济效益为目标的体制化事业，学科发展趋势从急剧分化和收敛转向广泛交叉与扩张。现代科学中面临诸多复杂问题的挑战，科技突破使得更大规模的科学实验和观察成为可能。这往往需要更多资源和庞大的实验设备，如粒子加速器、天文望远镜、核反应堆等，这些设备通常要由多个国家或机构合作建造和维护以及通过多学科合作来发挥作用。这促使科研者寻求大规模合作来解决这些复杂问题。在这个过程中，创新在学科交叉中碰撞出新的形态，成为科技成果转化为经济效益的重要表征。创新范式的演变离不开科学研究范式的转型，科学家采取怎样的创新方法与路径取决于他们处于什么样的科研生态系统。

“创新范式被赋予了深刻的时代与目标内涵，不同时代、不同目标衍生出不同的创新范式形态与概念”，[①]随着经济全球化的不断推进，各创新主体之间的相互联系与合作日益紧密，这使得传统意义上的内部创新资源已经不能满足日益复杂的全球性的挑战。因此，创新范式必须适应新背景下的新需求，走向开放式创新和整合式创新。开放式创新包括流程视角、策略视角与特点视角三个维度，主张创新参与主体在创新合作中分担风险和成本，发挥各个主体的优势和资源能力，强调利用外部资源技术弥补主体

① 谢荷锋，蒋晓莹. 创新范式：概念建构、理论基础与演化评价研究进展述评[J]. 中国科技论坛，2023(7)：42-52，62.

内部资源缺陷,共同承担创新风险,达到缩短创新周期、提高创新效率、降低创新成本和风险的目的。① 整合式创新,即“战略驱动下的开放创新、协同创新与全面创新”,强调通过战略引导下的开放、协同、全面创新,有效配置和利用创新活动所需的资源,以实现创新成果的产出。②

步入后学院科学阶段,创新范式的方法论也发生了质的变革,库恩概念中的共同体变为多元主体,创新的组织方式也由共同体内部破解谜题转向以“协同”为核心的合作模式。第四次工业革命与第二次机器革命的高度融合与叠加推进,进一步加快了人、物理世界、智能机器、数字信息世界融合的四元空间的到来,不断推进以智能化引领现代化的进程。③ 从这一发展进程来看,创新范式既对科技与社会的发展起着关键作用,又受到技术加速更新迭代趋势的推动。新的创新范式涌现出的新学科与知识必然需要新的创新结构,二者是协同发展的。具体而言,创新范式的演进主要经历了从线性创新到协同创新再到生态创新三个阶段。

(二)单向型线性的创新范式方法论

学院科学阶段的创新是单向的线性创新,是在学术传统中形成的一种科学探索和知识生产的模式。其核心特征是学科自治,具有高度的规范化和标准化。在此范式下,科学研究是以学科为中心的,由专业的科学家在严格定义的学术环境中进行,重视基础研究,追求对自然界和社会现象的深刻理解。其方法论基础是实证主义,强调观察、实验和逻辑推理。科学知识的积累被视为逐步的、累进的过程,科学家们通过假设的提出、实验的设计、数据的收集和分析,以及结果的解释来建立理论模型,在此基础上温

① 钱菱潇,陈劲.开放式创新研究述评:理论框架、研究方向与中国情境[J].演化与创新经济学论,2022(1):82-99.

② 陈劲.整合式创新——新时代创新范式探索[M].北京:科学出版社,2021:95.

③ 吴朝晖.应对变局 开拓新局 以卓越创新引领学校“十四五”改革发展新征程——在浙江大学2020年暑期工作会议上的报告[R].杭州:浙江大学,2020-08-24.

和地进行探索和发现。

科学家们严格遵守一系列的规则和方法进行科学研究和创新活动，有助于确保研究的可重复性、可验证性和科学性，因而学院科学时期的实证研究范式是一种深刻影响了现代科学发展和知识产生方式的方法论，它的原则和实践对科学社区的形成和进步都起到了基础性的作用。但是，学院科学所遵循的严格学科界限有时也限制了创新，因为真正突破性的创新往往发生在交叉领域。随着科学技术的迅速发展和社会问题的日益复杂化，越来越多的人开始认识到需要一种更为开放、协作和跨学科的研究模式来应对新的挑战。

约翰·齐曼(John Ziman)认为，学院科学代表着一种文化，“是在一群具有共同传统的人们中产生出来的，并为群体成员不断传承和强化”。[①]而后学院科学不仅是知识生产模式，也是“一种全新的生活方式”，科技广泛地与社会经济效益联系在一起，不同学科和社会实体之间需要对话和共同工作。实证研究与开放式创新的融合，标志着传统实验室的边界正在拓展到更广泛的社会、市场及政策环境。这就需要形成以大学、企业、研究机构作为核心要素，政府、金融机构、中介组织、创新平台、非营利性组织等多元主体协同互动的网络创新模式，通过知识创造主体和技术创新主体间的深入合作和资源整合，产生系统叠加的非线性效用。[②]

(三)开放式协同的创新范式方法论

后学院科学阶段，一个显著的趋势是技术的突破反向拉动了科学合作模式与方法论的重构，创新范式进入契合开放式协同创新的发展阶段。比如，1990 年启动的人类基因组计划(Human Genome Project)，旨在解码人

① 约翰·齐曼.真科学——它是什么 它指什么[M].曾国屏，国辉，张成岗，译.上海：上海科学技术教育出版社，2002:31-32.

② 陈劲，阳银娟.协同创新的理论基础与内涵[J].科学学研究，2012，30(2):161-164.

类基因组的所有 DNA 序列,高通量测序技术的发展是人类基因组计划成功的关键。随着 Sanger 测序方法和自动测序仪的不断改进,研究人员能够更快、更便宜地测序 DNA。这项技术突破降低了基因组测序的成本、缩短了测序的时间,使大规模的基因组测序成为可能,是基因组学领域的一项重大技术突破。来自不同国家、不同机构和不同学科的科研者组成研究团队,共享资源、数据和知识,协同完成了巨大的基因组测序任务。人类基因组计划的成功为个性化医疗和遗传学研究等领域的发展提供了重要数据和基础。这一项目的影响远远超出了基因组学领域,它促进了科研合作模式的变革,凸显出数据共享和国际合作的重要性,这种协同创新的范式在许多领域得到了推广。

后学院科学的科研是一种集结科研人才、设备和资源的组织形式,通常以解决复杂而庞大的科学问题为目标。在这一背景下,开放式协同创新成为推动科学研究的关键机制。大科学项目要求跨学科、跨机构合作,汇聚来自不同领域的专业知识和技术实力,以应对复杂的研究挑战。通过开放式协同创新,大科学科研组织能够优化资源配置,充分利用各方优势,推动科学研究的前沿发展。这种组织方式注重共享大规模实验设备、数据资源和研究成果,为研究人员提供了更广泛的合作平台。科研团队通过互相交流和合作,能够克服研究中的技术难题,加速科学发现的过程。开放合作也有助于提高科学研究的可重复性和可验证性,通过公开共享数据和方法,不同研究组织能够相互审查和验证研究结果,从而增强科学研究的可信度,推动整个领域的发展。

(四)网络化系统的创新范式方法论

第四次工业革命掀起了以人工智能、物联网和生物技术等前沿交汇性技术的综合应用为特征的浪潮,将不同领域的技术融合成新的科技生态系统。在这一技术突破与广泛融合的背景下,创新范式进入了与以网络化为特征的生态创新相匹配的阶段。

在创新生态系统中的各类创新主体，基于相互之间的共生、互生、再生关系，通过协同联动和放大增益效应，进而形成具有动态适应能力的独特生态优势。生态创新能够实现创新要素和平台的相互连接，以构建一个知识互通的网络系统，同时促进不同创新节点之间的互动与信息资源的迅速汇聚，并持续推动重大突破性创新并推广至整个创新体系，通过数据开放、信息共享和成果共享，推动创新主体之间的协同发展与和谐共存。在生态创新中，AI也将参与创新实践的全过程。借助信息融合、态势感知、自动化等技术的不断发展，人机融合智能将在前沿性领域不断发挥引领性作用。如在“计算＋AI”领域，高效能计算、类脑计算、量子计算等将成为主要计算形态，有望继续产生似脑学习、神经计算、生物计算等的交叉前沿方向，进而不断满足社会发展对算力、算法等的要求。①

“创新生态系统，如同生物系统一样，从要素的随机选择不断演变到结构化的社群”②是一个松散的结构，不同主体和要素之间协同推进知识的创造和创新，如学术研究机构、政府部门、企业等主体形成一个相互协同并融合知识生产、传播、商业化以及社区生活创新集群，特别是人力资本（例如高素质人才）、知识资本（包括专业知识和技能）、社会资本（包括合作伙伴关系和社会联系）、金融资本（提供资金支持）等要素相互的多元化的创新网络和知识集群。

总体而言，在方法论上，创新范式是随着科研范式的变革而不断演进的，科学如今已经彻底改变了原有的体系与知识生产模式，“知识在科学和社会之间、科学从业者之间、物质世界和社会世界实体之间进行弥散，扩大

---

① 吴朝晖.应对变局 开拓新局 以卓越创新引领学校“十四五”改革发展新征程——在浙江大学2020年暑期工作会议上的报告[R].杭州：浙江大学，2020-08-24.

② 梅亮，陈劲，刘洋.创新生态系统源起、知识演进和理论框架[J].科学学研究，2014，32(12)：1771-1780.

了知识的存量与流量”，[①]科学不断向外部延展的趋势也为创新提供了良好的条件。创新与开放、交叉、融合是一体的，新的学科和知识增长点中往往蕴含着新方法和新路径，并且催生新的创新结构与创新范式。虽然创新范式的共同体内部不再严格按照一定的准则和方法行事，但是在松散的合作关系中，各创新合作主体之间依然维持着关于如何开展科学研究以及如何整合资源进行创新的基本共识。

① 孙丹，徐辉.“知识社区”知识生产、弥散与应用的逻辑理路——基于创新生态系统理论视角[J].科学管理研究，2022，40(5)：22-30.

第二章　科学研究范式的迭代进阶历程

科学研究范式的基本理论与方法不是固定不变的，它会受社会、经济、文化、政治、国际环境以及个体偏好等因素影响从而不断迭代进阶。[①] 2007 年，美国计算机科学家、图灵奖得主吉姆·格雷(Jim Gray)在计算机科学和电信委员会大会 NRC-CSTB(National Research Council-Computer Science and Telecommunications Board)上总结了科学研究的四个范式：以描述、观察自然现象为主的第一范式，即实验科学范式(Experimental science paradigm)；针对关键变量进行演算与归纳的第二范式，即理论科学范式(Theoretical science paradigm)；通过计算机模拟验证预判的第三范式，即计算仿真模拟范式(Computational simulation science paradigm)；依靠数据与算力分析得到结论的第四范式，即数据密集型科学范式(Data-intensive science paradigm)。随着人工智能的快速发展与普及，依靠 AI 自主开展科学研究已逐步走向成熟，并展现出巨大的生命力与创造力，以 AI for science 为代表的新范式已全面拉开帷幕。

如图 2.1 所示，1620 年，弗朗西斯·培根(Francis Bacon)提出基于实验观察与总结的归纳法，正式开启实验科学范式的先河。随着科学研究规模性、复杂性与实验条件之间的矛盾不断升级，实验科学范式已不能满足

① 梁政，张林山，邹京希，等. 科学范式及科研范式研究综述[J]. 云南电力技术，2023，51(2)：80-84.

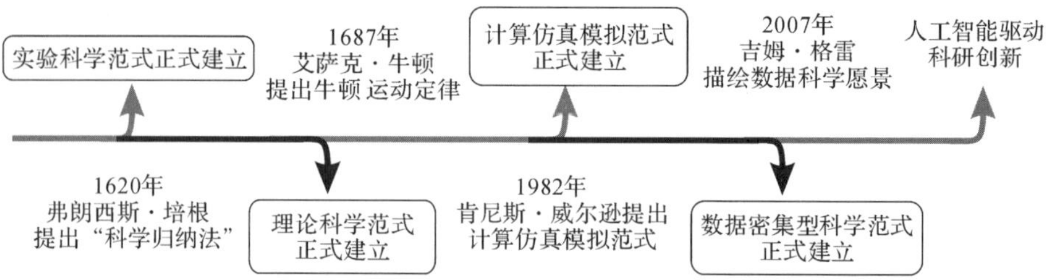

图 2.1　科学范式演进过程

科学家的需求,科学界亟待一种更具普遍性与适用性的科学范式。1687年,英国天才物理学家艾萨克·牛顿(Isaac Newton)在《自然哲学的数学原理》中总结提出牛顿运动定律,阐释了经典力学基本的运动规律。牛顿运动定律的提出标志着理论科学范式的正式建立,科学家们可以通过数学和逻辑推理建立理论模型、解释自然现象、指导实验开展。然而,由于理论模型自身存在因过度简化而导致的精确度与适用度局限性,科学家们意识到很多复杂问题与真实场景无法依赖理论科学范式解决与模拟。

随着 20 世纪初计算机的发展,很多学者开始借助于计算机技术开展科学研究。1982 年,肯尼斯·威尔逊(Kenneth Wilson)在获诺贝尔物理学奖的演讲中提到计算在他的工作中扮演的重要角色,并正式提出计算仿真模拟范式,倡导更多科学家使用计算与模拟技术来研究复杂系统问题。随着计算仿真模拟范式的深入发展,科学研究产生了前所未有的大量数据,同时机器学习等新兴技术提供了从大数据中提取知识和模式的强大工具,数据密集型科学范式应运而生。数据密集型科学范式由图灵奖得主、关系数据库的鼻祖吉姆·格雷在 2007 年提出,他强调了数据要素在科学研究中的重要作用。这四种范式共同构成了现代科学研究的多维框架,它们相互依赖,相互促进,共同推动了科学的深入发展和创新。本章主要围绕以上四种科学研究范式的发展历史、原则、方法、重要性与局限性展开论述,并具体阐述每个科学研究范式的经典案例,以求完整展现科学研究范式的迭代进阶历程(见表 2.1)。

表 2.1 科学研究范式的比较分析

科学范式	标志性事件	代表人物	关键特征	重要作用	局限性	展望与趋势
第一范式实验科学范式	1620 年,弗朗西斯·培根提出“科学归纳法”	伽利略·伽利雷、奥斯汀·法拉第	基于实验和观察,通过实验设备和技术收集数据	基础验证、发现新现象、教育教学	实验条件控制、实验结果应用、实验方法适用等问题	实验技术的进步,如高能物理实验、空间探索技术的发展等
第二范式理论科学范式	1687 年,艾萨克·牛顿提出牛顿运动定律	艾萨克·牛顿、阿尔伯特·爱因斯坦	通过数学和逻辑推理建立理论模型,解释自然现象	可解释和可理解性、可预测性、教育教学	理论适用局限性、实验验证挑战	理论物理的新发展,如弦理论,尝试统一相对论和量子力学等
第三范式计算仿真模拟范式	1982 年,肯尼斯·威尔逊提出计算仿真模拟范式	约翰·冯·诺依曼、斯坦尼斯拉夫·乌拉姆	使用计算机模拟和数值方法来研究复杂系统	研究复杂系统、预测和规划、实验和理论补充、设计与优化	模型参数不确定性、计算资源高要求性、模型简化局限性	高性能计算的发展,量子计算在仿真中的应用等
第四范式数据密集型科学范式	2007 年,吉姆·格雷描绘数据科学愿景	吉姆·格雷	依赖大数据和机器学习技术,从大量数据中提取知识	知识发现、预测模型、个性化和精准化等	数据隐私、数据质量和可信度、数据过载等问题	人工智能和机器学习技术的进步,数据科学在各领域的深入应用

一、第一范式:实验科学范式

在数千年的文明史发展历程中,人类依靠对自然现象进行观察和总结来推进技术或工具的发展,如原始人钻木取火、古希腊时期亚里士多德提出形而上学论、阿基米德提出浮力定律等，它代表了科学研究的早期方法，侧重于通过观察自然和社会现象内部规律开展实验或基于已有经验获得和检验科学结论。[①] 直到 1590 年，伽利略在比萨斜塔上进行著名的铁球实验，正式推翻亚里士多德提出的“物体下落速度与质量成正比”学说，第一次把实验方法真正引入科学研究。1620 年，弗朗西斯·培根（Francis Bacon）在《新工具》中提出基于观察和实验的“科学归纳法”，强调了实验方法在形成关于世界假说以及验证假说正确性方面的重要贡献，标志着实验科学范式正式建立。18 世纪初，安托万-洛朗·德·拉瓦锡（Antoine-Laurent de Lavoisier）和约翰·道尔顿（John Dalton）等进行了一系列实验，提出了元素理论、原子理论等，推动了化学领域飞速发展。19 世纪初，迈克尔·法拉第（Michael Faraday）、詹姆斯·克拉克·麦克斯韦（James Clerk Maxwell）等科学家进行了一系列电磁学实验，推动了电磁理论的发展。科学家们不断借助新的实验仪器进行尝试和重复，探索科学研究的“无人区”与“深水区”，尤其在物理学、化学、生物学等自然科学领域中，将对世界的未知变成已知，实验科学范式逐渐成为科学研究经验方法的核心。我们将详细介绍实验科学的原则、方法及其在科学研究中的重要性与局限性。

（一）实验科学的原则

实验科学遵循一系列原则，以确保实验的可靠性和可重复性。这些原则对于实验的设计、执行和解释都至关重要。实验科学包括以下基本原则。

可重复原则：实验结果应该能够被其他科学家独立复制，以验证发现的准确性。可重复性是科学方法的核心，它确保科学研究的可靠性。

① 金炳华. 马克思主义哲学大辞典[M]. 上海：上海辞书出版社，2003：64.

控制变量原则:在实验设计中,科学家应该对可能影响结果的各种因素进行严格控制,以确保结果的因果关系。通过控制变量,科学家能够确定实验中发生的变化是由研究的特定因素引起的。

随机化原则:随机分配实验对象或条件是为了消除实验结果的偏差。随机化可以确保实验组和对照组之间的差异是由实验干预引起的,而不是由其他因素造成的。

大样本原则:使用足够大的样本以获得统计显著性和可信度。小样本容易受到偶然因素的影响,而大样本能够提供更可靠的结果。

精确原则:精确的测量是实验科学的关键,因为结果的精确性直接取决于测量的准确性。因此,实验科学必须使用精确的仪器和测量方法来获得准确的数据。

(二)实验科学的步骤

实验科学通常遵循一组标准化的步骤来设计、执行和分析实验,这些步骤确保实验的可靠性和可重复性。以下是实验科学的一些典型方法。

问题定义:科学家需要明确定义要研究的问题或假设。这通常涉及提出一个可测量与控制的假设,以便能够开展实验,进行测试。

实验设计:科学家设计实验,包括选择实验条件、控制变量、确定测量方法等。实验设计的质量直接影响实验结果的可靠性。

数据收集:在实验过程中,数据被收集和记录。这可能涉及观察、测量、问卷调查或其他数据收集方法。数据应以准确和系统的方式记录。

数据分析:获得数据后,科学家使用统计分析方法来解释和分析数据,以验证或否定最初的假设。统计分析帮助科学家确定结果的统计显著性。

结论:根据数据分析,科学家得出结论,可以是肯定的、否定的或部分否定的。结论应与实验的目标和问题定义一致。

发表结果:最终的实验结果通常被发表在科学期刊或其他学术公开出

版物上,使其他科学家可以审查和复制实验。发表结果是科学研究的重要环节。

(三)实验科学的重要作用

实验科学范式为我们提供了深入了解自然界的机会,有助于推动科学知识的发展。在基础验证上,实验科学允许科学家验证或否定他们的假设,从而推进知识的发展;通过实验,科学家能够确定某一因素是否与观测到的效应相关。在发现新现象上,通过实验可以揭示新的规律、原理和关系,科学家有时会发现以前未知的自然现象,这可以导致新的科学领域的出现。在教育教学上,实验科学可以帮助学生理解科学原理和方法,特别是实验室课程和实验教育可以培养学生的观察、操作、分析能力和批判性思维。

案例 2-1:亚里士多德的形而上学

亚里士多德是早期经验科学范式的代表性人物。其形而上学是通过对自然世界的不断观察、深刻的哲学思考与经验判断推理得出的。这一形而上学体系包括对存在本质、实体、原因、目的和现实世界的深入探讨,旨在理解事物的本质和存在方式。

1. 抽象和哲学性质:亚里士多德的形而上学更具哲学性质,强调对自然界和现实的哲学分析。他关注事物的本质(essence),认为每种事物都有一个特定的本质,这是定义该事物的关键特性。亚里士多德提出了四种原因,即材料原因、形式原因、运动或变化原因以及目的原因,他的形而上学涉及对实体、因果关系和存在的整体性哲学探讨。

2. 理论的推导:亚里士多德的方法更加强调演绎推理和哲学思考,他试图从一些普遍的原则中推导出各种自然现象,他将存在推演出不同的层次,从物质的个体到更高层次的普遍性和抽象概念。他认为,一切事物都有其特定的存在层次,而存在的层次决定了事物的性质和本质。

3. 概念化：亚里士多德的形而上学倾向于对事物的本质和存在进行概念化的思考，而不是精确测量或定量描述。亚里士多德认为，一切事物都有其存在的目的，存在是朝着实现这一目的的方向发展的。这一观点与他的伦理学和生物学观点相互关联，强调了目的性在自然界和伦理层面的重要性。

亚里士多德的形而上学体系作为实验科学范式的前身，发展了形式逻辑的基础，为后来的科学方法提供了重要的逻辑工具。然而，亚里士多德的理论大多基于观察和逻辑推理，而不是通过系统的实验方法来验证，且他将哲学和科学混合在一起，与现代的实验科学范式有本质的不同。

案例 2-2：伽利略的比萨斜塔实验

1590 年，伽利略・伽利莱（Galileo Galilei）为了验证物体自由下落的规律，在比萨斜塔上同时释放了两个不同质量的铁球，观察并记录两个铁球的下落时间以及它们到达地面的位置。通过铁球实验，伽利略得出了一个重要的结论：在无空气阻力时，不同质量的物体自由下落时的速度相同。这个简单的实验成为科学方法和观察的典范，强调了实验与观察在科学研究中的重要性，改变了我们对自然界的理解，是科学史上的一个标志性时刻。

1. 实验观测：伽利略通过实验观察到比萨斜塔上不同重量的铁球同时落地的现象，验证了他的假设，即物体的下落速度与其重量无关。这符合实验科学的原则，强调实验的关键作用。

2. 客观性：伽利略的实验设计非常客观，他精确控制了实验条件，确保了实验结果的可靠性。通过同时释放不同质量的铁球，能够消除风阻和其他因素的影响，从而获得可靠的数据。

3. 可测量性：伽利略的实验结果可用精确的测量进行描述。他测量了不同重量铁球的下落时间,并将观测数据用数学公式来表示。这体现了可测量性的重要性。

4. 结论归纳:伽利略的实验观察和数据归纳得出了重要的结论,即在真空中,物体的下落速度与其质量无关。

伽利略的实验结果表明,不论物体的质量如何,它们在自由下落时的速度是相同的。这一实验结果反驳了持续1900年之久的亚里士多德的观点,证实了自由落体中物体的质量不会影响它们的下落速度。这一实验成为现代科学方法的典范和先驱,因为它强调实验在科学研究中的关键作用,同时也强调了观察、可测量性和客观性的原则,为后来的科学研究和牛顿力学的发展奠定了基础。然而,由于实验条件的简化、实验精确度的限制等,比萨斜塔实验只能代表实验科学范式最初阶段的方式方法和科学思维,且伽利略形成的结论也部分依赖于理论推理和数学演绎,不是纯粹的实验结果,存在一定的局限性。

(四)实验科学范式的局限性

实验条件控制问题:在某些科学研究领域,因为自然现象可能受到多种因素的影响,不容易隔离和操控,实验条件控制会很困难。

实验结果应用问题:实验通常在受控环境中进行,与实际生活情境存在一些差距,从实验情景中获得的结论并不完全适用于实际生活情景。因此,其结果在现实世界中的复制与应用有时会受到质疑。

实验方法适用问题:科学研究中的许多变量是无法操纵、控制的,不能通过实验法去研究。原因与结果处于不同层次,许多原因往往不能直接观察到,而需在事物的深层结构和内在机制上加以理解性解释。

实验内容伦理问题:某些实验可能涉及伦理和道德问题,如动物实验和一些人类实验。这些问题可能受到公众关注或引起争议。

(五)实验科学范式的发展趋势

实验科学的主要特征在于其能够提供可靠的、经验性的证据,从而揭示自然界的规律和原理。实验科学范式是科学研究的基础,强调观察、测量、数据分析和验证的重要性,它为我们提供了深入了解自然界的机会,并为科学知识的发展和应用做出了重要贡献。然而,实验科学受制于条件控制、结果应用、方法使用等方面的诸多因素,难以满足人类对自然现象与规律的精确解释与可复制推广的需求,科学界越来越呼唤对实验规律的总结与理论的凝练。

二、第二范式:理论科学范式

当实验要素的构成不断复杂化,实验条件的要求不断提高,实验科学范式受到越来越多的现实限制,难以验证科学家对自然现象与规律的精确解释与研究。为此,以建模和归纳分析为主的理论科学范式应运而生。理论科学范式指人类对自然、社会现象按照已有的实证知识、经验、事实、法则、认知以及经过验证的假说经由一般化与演绎推理等方法进行合乎逻辑的推论性总结,[①]它强调以理论和数学建模来解释和预测自然现象,[②]常应用于物理学、数学、经济学等学科中。1687 年,在巨著《自然哲学的数学原理》里,英国物理学家艾萨克·牛顿提出了牛顿运动定律,种下了理论科学范式的建构之种。以下将详细探讨理论科学的历史、原则、方法以及其在科学研究中的重要性。

---

① 邓仲华,李志芳.科学研究范式的演化——大数据时代的科学研究第四范式[J].情报资料工作,2013(4):19-23.

② 梁政,张林山,邹京希,等.科学范式及科研范式研究综述[J].云南电力技术,2023,51(2):80-84.

(一)理论科学的历史

理论科学范式的启蒙可以追溯到古代希腊哲学家,特别是亚里士多德的自然哲学。理论科学的重要里程碑事件是牛顿第一定律的诞生,理论科学范式的繁盛时期为19世纪中期至20世纪初。在恩格斯的《自然辩证法》中,理论科学指19世纪以后成熟起来的处于整理材料阶段的科学。在近代科学史的关键时期,理论科学范式为我们提供了解释自然现象的工具与开展科学研究的基本框架。以下是理论科学历史上的一些重要时刻。

热力学理论:19世纪,热力学在理论基础之上开始快速发展,如萨迪·卡诺(Sadi Carnot)的热机理论和鲁道夫·克劳修斯(Rudolf Clausius)的热力学定律。熵的概念也是在热力学理论的基础上提出的,为能量转化和热流动的理论提供了重要的框架。

相对论和量子力学论:20世纪初,阿尔伯特·爱因斯坦(Albert Einstein)提出了相对论,马克斯·普朗克(Max Planck)、尼尔斯·玻尔(Niels Bohr)和沃纳·海森堡(Werner Heisenberg)等提出了量子力学。它们的发展进一步强调了理论科学的重要性,这些理论在描述微观和宏观层次的物理现象上取得了显著的成功。

大陆漂移学说:20世纪初,大陆漂移学说由阿尔弗雷德·魏格纳(Alfred Wegener)提出,地球上的大陆地块曾形成一个超大陆(盘古超大陆或古特择尔兰),然后分散漂移到了它们现在的位置。这个理论的核心思想是大陆在地质历史中是不断移动的,它为地壳构造、地质学和气候科学等领域提供了一种全新的理论框架。虽然魏格纳的理论初期遭到了质疑,但后来的地质证据以及板块构造理论的发展证实了大陆漂移的存在。它成为地球科学的一个重要范式,为解释地球上的地壳运动和地理现象提供了理论基础。

博弈论:这是20世纪中期数学和社会科学交叉领域的一个重要理论

科学范式。它用于研究决策制定、竞争和合作等行为。博弈论包括多个独立的理论贡献者和发现者，包括约翰·冯·诺伊曼(John von Neumann)、奥斯卡·摩根斯特恩(Oskar Morgenstern)、约瑟夫·舒伯特(Joseph Schubert)等。博弈论的核心概念包括策略、博弈、均衡和合作。它广泛应用于经济学、政治学、生物学等领域，帮助解释冲突和合作的现象，以及如何最优地做出决策。博弈论为理解复杂的社会和经济互动提供了重要的理论工具，是社会科学研究的基础之一。

(二)理论科学的原则

理论科学遵循一系列原则，以确保理论的严密性和可预测性。这些原则对于理论的构建和评估至关重要。以下是理论科学的一些基本原则。

建模简化原则：理论科学强调使用数学方程和模型来描述自然现象。这些数学模型通常基于观测数据和实验结果，以提供对自然规律的定量描述。

内部一致原则：理论应该在自身内部保持一致，避免矛盾和逻辑错误。一个理论的内部一致性是评估其质量的关键标志。

可验证原则：理论科学的理论通常需要通过实验验证。理论的预测应该与实验结果一致，从而增加其可信度。

可预测原则：理论应该具有预测性，能够根据已知的信息预测未来的现象。预测性是理论的一个重要特征，可以用来验证其有效性。

广泛适用原则：理论应该适用于多个相关领域，具有广泛的适用性。这增加了理论的普适性，使其成为科学研究的有力工具。

(三)理论科学的步骤

理论科学通常遵循一系列标准化的步骤来构建、测试和改进理论。以下是理论科学的一些常用步骤。

问题定义:科学家首先应明确定义要研究的问题或现象。问题定义通常包括提出一个假设或问题陈述。

模型构建:科学家构建数学模型或理论框架,以描述自然现象。这可能涉及建立方程、构建模型和推导理论。

模型验证:通过将模型的预测与实验数据进行比较,科学家可以验证模型的有效性。这涉及检查模型的预测是否与实际观测一致。

模型改进:如果模型的预测与实际数据不一致,科学家会对模型进行改进和修正,以提高其准确性和可预测性。

应用和预测:理论科学的最终目标是使用理论来解释自然现象,并能够进行预测。预测能够通过将模型应用于新情境来进行测试。

发表和交流:科学家通常将他们的理论发表在科学期刊或其他学术出版物上,以便其他科学家能够审查、评估和扩展他们的工作。

(四)理论科学的重要性

理论科学范式强调了理论和数学建模的重要性,有助于理解自然界的基本规律。在可解释性和可理解性方面,理论科学允许科学家深入理解自然现象的基本原理。在可预测性方面,理论科学能够提供预测性。科学家可以使用理论来预测未来的现象和实验结果,从而帮助解决问题和指导研究。在教育教学方面,与实验科学一样,理论科学也可以帮助学生理解科学原理和数学建模方法。学生学习理论科学,可以培养分析和解决问题的能力。

案例 2-3:相对论与量子力学

相对论和量子力学是20世纪初物理学领域的重大科学发现,相对论由阿尔伯特·爱因斯坦提出,包括狭义相对论和广义相对论两个部分。狭义相对论揭示了物理运动时间和空间的相互关系,广义相对论对引力进行了全新的解释,将引力视为物体沿着弯曲时空路径移动的结果。这一理论科学范式彻底改变了我们对时空、引力和物质的理解。量子力学由马克斯·普朗克、尼尔斯·玻尔和沃纳·海森堡等共同提出与发展而成，其中波粒二象性指物质既可以表现为波动也可以表现为粒子的二象性特征，不确定性原理说明了在某些情况下无法同时精确测量一粒子的位置和动量。

这两个理论作为20世纪科学研究的两大理论科学范式，经典地阐述了理论科学范式的原则、特征与方法，颠覆了经典牛顿物理学的观念，改变了我们对宇宙的理解，开辟了新的科学前景。

一是数学形式化：相对论和量子力学在数学上的形式化是理论科学范式的一种经典方法。相对论使用了广义相对论的张量方程和洛伦兹变换，而量子力学使用了薛定谔方程和矩阵力学。

二是模型的创新：相对论和量子力学突破了牛顿力学的限制，提供了对于解释高速、微观尺度的自然现象更为准确的模型，对于物理学规律进行了定量的分析与解释。

三是普适性：这两个理论不仅适用于经典物理学无法解释的现象，而且在不同尺度和速度范围内都得到了验证，使它们成为理论科学的杰出代表。

总体而言，相对论和量子力学的提出突破了经典物理学的传统束缚，以全新的框架对物质和能量提出了新的理解，对物理学和相关领域的发展产生了深远影响。同时也催生了下一次科学范式的变革，将科学界带入了一个崭新的时代。然而，一方面，广义相对论和量子力学在理论上存在冲突，科学界至今未能完全统一这两大理论。另一方面，相对论在黑洞奇点或宇宙大爆炸初始时刻等极端条件的适用性与量子力学在描述宏观世界时的适用性仍然存在很大的争议，它们各自存在适用性和解释性上的局限性。

案例 2-4:博弈论

博弈论是20世纪中期的一项重大科学发现,它是一门研究决策制定、竞争和合作等行为的数学分支。博弈论的起源可以追溯到多个独立的贡献者,包括约翰·冯·诺伊曼、奥斯卡·摩根斯特恩、约瑟夫·舒伯特等。他们的主要理论贡献为零和博弈、非零和博弈与均衡理论,采用了理论科学范式的一些基本原则、方法与特征。

博弈论强调对决策制定者之间的相互作用和冲突进行理论构建。它提供了一种普遍性的理论框架,用于分析和预测在决策制定者追求自己最佳利益的情况下整体系统的演化。

1. 数学的应用:博弈论在数学上采用了多样化的方法,包括概率论、线性代数和微积分等。通过这些数学工具,博弈论能够建立模型来描述决策制定者之间的策略选择和可能的结果。

2. 归纳与演绎:归纳整合决策者行为的一般性规律,并通过演绎推导出具体的博弈策略。这使得博弈论在分析各种博弈情境时能够得出深刻而普适的结论。

3. 精确性:博弈论追求对博弈过程的精确建模,以确保对策略选择和可能结果的准确预测。这一特点使得博弈论成为一种高度形式化和精确的理论框架。

博弈论是一个典型的理论科学范式,它提供了一种强大的理论框架,用于分析不同参与者之间策略选择和决策制定的复杂互动。这个框架包括博弈的定义、参与者的策略、均衡点和博弈的解。博弈论为经济学、政治学、心理学、社会学等多个领域的研究提供了新的理论基础,推动了不同领域之间的交流和研究,但它也存在着理论科学范式过度简化的问题。它假设参与者是完全理性的以及参与者拥有完备信息,这与现实生活是矛盾的。因此,博弈论在实际预测和应用到现实情境时存在着较大挑战。

(五)理论科学范式的局限性

理论适用局限性:理论通常是简化的模型,无法涵盖所有可能因素,这可能导致构建模型与实际情况不一致。

实验验证挑战:有时,理论的验证可能遇到困难,因为某些理论提出的效应可能较微弱或难以测量。

(六)理论科学范式的发展趋势

理论科学范式是科学研究的重要组成部分,是对理论总结和理性概括更为重视的科学,强调较高层次的理论认识,而非直接强调实用意义。在研究方法上,主要采用演绎法,更强调理论建模、数学方法和预测的重要性,而不仅仅局限于对经验事实的描述。理论科学的成功在于其能够提供系统性和一致性的框架,以解释和预测自然界的复杂现象,帮助科学家们将各种自然现象和规律统一到一个连贯的知识体系中。它为我们提供了深入理解自然规律和建立科学理论的机会,是科学知识的重要推动力。

三、第三范式:计算仿真模拟范式

随着理论研究的不断深入与复杂化,尤其是20世纪初量子力学与相对论提出后,复杂的理论模型对分析和计算方法提出了更高要求,同时验证理论的难度与资源投入也愈发增大,第二范式面临着瓶颈与挑战。20世纪后半叶,由于计算机性能与算力的提升和软件工具的不断改进,科学家们开始利用计算机来模拟和研究各种自然现象和系统。肯尼斯·威尔逊(Kenneth Wilson)在1982年正式提出以计算和模拟为主导的第三范式(计算仿真模拟范式),标志着科学研究的数字化时代的到来。计算仿真模拟范式作为现代科学研究的一种重要方法,主要依赖于计算机技术对不同学科和不同学术领域进行模拟计算和研究复杂系统的行为,[①]它为我们提供了深入了解自然现象和复杂系统的机会。这一范式的兴起和繁盛主要在20世纪下半叶。以下将详细探讨计算仿真模拟的历史、原则、方法及其在科学研究中的重要性。

(一)计算仿真模拟的历史

20世纪60年代后,科学家们开始将计算机模拟和仿真推广应用至不同科学研究和工程领域。以下是计算仿真模拟历史的一些关键时刻。

早期计算机模拟:20世纪中叶,早期的计算机被用于模拟和研究物理系统,如气象、流体动力学和核物理。这些模拟通常基于数值方法和有限元分析。

随机数生成算法和蒙特卡罗(Monte Carlo)方法:20世纪40年代至50年代,为了进行模拟,科学家们需要大量的随机数,随机数生成算法的发展使得模拟方法更加可行,尤其对复杂系统建模非常重要。斯坦尼斯拉夫·乌拉姆(Stanislaw Ulam)和约翰·冯·诺伊曼(John von Neumann)提出了蒙特卡罗方法,这是一种用于解决物理、数学和工程问题的随机抽样模拟方法,是计算机模拟的重要工具之一。

人工生命和细胞自动机:20世纪末,约翰·何顿·康威(John Horton Conway)的生命游戏(Game of Life)以及人工生命领域的研究标志着计算机模拟的进一步发展。这些模拟试图模拟生物系统的行为和进化。

连续系统仿真和离散事件仿真:20世纪60年代至70年代,仿真软件的出现使得科学家们能够模拟连续系统,如控制系统、电路和通信网络。杰瑞·P.维斯纳(Jerry P. Wiesner)和乔治·E.金博尔(George E. Kimball)等研究者开发了离散事件仿真方法,用于模拟系统中离散事件的

① 陈达,秦远建.科学研究范式与创新突破机制研究[J].科学管理研究,2017,35(2):35-38.

发生和交互。

复杂系统研究：21 世纪初，复杂系统研究兴起，计算机模拟被广泛用于探索各种复杂系统，如社会网络、生态系统和经济系统，并且被广泛应用于各个领域，包括生物学、医学、经济学、生态学、材料科学等。

（二）计算仿真模拟的步骤

计算仿真模拟遵循一系列程序，以确保模拟的准确性和可靠性。它包括以下这些程序。

模型构建：在进行模拟之前，科学家必须构建一个适当的数学模型，该模型描述了所研究系统的行为和关键因素。

数值方法：计算机模拟依赖于数值方法，这包括将模型的方程转化为计算机可处理的形式，然后使用数值技术来解决这些方程。

初始条件：初始条件对于模拟的准确性至关重要。科学家必须了解系统的起始状态，并将这些初始条件输入模拟中。

时间步进：模拟通常采用时间步进的方法，模拟系统的演化随时间的变化。时间步进的选择影响了模拟的精度和效率。

验证与确认：模拟结果必须经过验证与确认，通常是仿真模型分别与仿真程序和实际系统（实验数据）反复做比较的过程，并及时改进与修正误差。

敏感性分析：对模型参数和初始条件的敏感性分析有助于了解模拟的稳定性和可靠性。科学家必须知道哪些因素对结果产生最大影响。

（三）计算仿真模拟应用领域

计算仿真模拟应用领域十分广泛，包括物理、生物、工程、社会科学和环境科学等。以下是一些常见的计算机模拟仿真应用方法。

分子动力学模拟：这种方法用于模拟原子和分子的运动，通常用于研究生物分子的结构和材料性质。

离散事件仿真:系统的事件是离散的,即在某些时刻发生。这种方法通常用于模拟流程、供应链和交通系统。

代理基础模型:代理基础模型用于模拟个体代理的行为,通常在社会科学中用于研究群体行为和决策。

连续系统模拟:连续系统模拟用于模拟连续时间内系统的动态行为,通常用于工程和物理领域。

生态系统模拟:生态系统模拟用于研究生态系统的复杂动态,包括能量流、物质循环和生物多样性。

金融建模和市场仿真:金融领域使用计算机模拟来研究市场行为、风险管理和金融产品的定价。

(四)计算仿真模拟的重要作用

计算仿真模拟范式为科学家提供了一种强大的工具,用于研究和理解复杂系统的行为。在研究复杂系统上,计算机模拟能够同时处理从微观到宏观的多个尺度的问题,允许科学家研究复杂系统。这些复杂系统包括社会网络、生态系统、气候模型和市场行为,通常难以用传统实验方法研究。在预测和规划上,模拟可以用于预测系统的未来行为,帮助科学家和决策者做出更好的规划和决策。例如,气象模型用于天气预报和气候研究,城市和区域规划模型可以帮助分配交通流量与资源等。在实验和理论补充上,在实验成本高昂或不可行的情况下,仿真提供了一个可行的替代方案。计算机模拟也可以用于验证理论和模型的有效性。模拟结果与实验或观测数据的比较有助于理论的验证。在设计与优化上,在工程和制造领域,模拟可以通过不同配置和条件,找到最优过程与策略,降低成本,提高性能。这包括飞机设计、汽车制造和建筑结构设计等。

案例 2-5:人工生命与细胞自动机

人工生命(Artificial Life)是一门研究生命现象的跨学科科学。它试图通过计算机模拟、机器人技术、化学实验等方法,创造出具有生命特征的人造系统。人工生命的目标是揭示生命的本质,探索生命的可能形式,以及创造出具有实用价值的人工生命系统。细胞自动机(Cellular Automaton,CA)是人工生命领域的一个重要工具。它是一种离散的计算模型,由一组规则的细胞组成,这些细胞在规则的条件下进行状态转换。细胞自动机最早在 20 世纪中期由数学家约翰·冯·诺伊曼和斯坦福大学的约翰·康威等人提出。

细胞自动机通过精确的数值计算和模型参数调整进行高度精确的模拟,科学家能够观察和分析系统在不同条件下的行为,以验证理论和预测系统的演变。细胞自动机模型能够在多个尺度上进行模拟,从局部细胞规则到群体行为,这种模拟方法允许研究者在不同层次上理解生命系统的行为,涉及分子、细胞、组织和群体等层面。

细胞自动机在各个领域都有广泛的应用。在生命科学领域,细胞自动机被用来模拟生物系统中的现象,如细胞生长、种群动态和疾病传播。细胞自动机在计算机科学领域应用较多,尤其是在图像处理、密码学和自动编程方向,还可以用于模拟并行计算与分布式系统。此外,细胞自动机在艺术、文化、物理学等领域也有较多应用。

人工生命和细胞自动机作为计算仿真模拟科学范式的代表案例,突显了计算机模拟在生命科学和复杂系统研究中的独特价值。这一方法不仅为研究者提供了理论验证的工具,也推动了对自然现象和生命起源等问题的深入探讨。然而,人工生命的研究引发了关于生命、意识和伦理的哲学讨论。细胞自动机存在着情境泛化与计算资源限制等局限性,它们在模拟现实世界的复杂性和多样性方面存在着较大挑战。

案例 2-6:数值模拟预测天气

数值模拟预测天气是一种基于物理方程和数值计算的方法,它将大气和地球系统划分为离散的空间网格和时间步长,模拟这些系统的动态演化,以便预测未来的天气条件。它的基本思想是将大气、地面、海洋等要素的状态表示为一组数学方程,然后使用计算机对这些方程进行数值求解。这些模拟可以提供天气变化的时间进程、地理位置、温度、湿度、气压、降水等参数的信息。20 世纪 50 年代末诺伯特·维纳(Norbert Wiener)和朱尔·查耐 (Jule Charney)等科学家首次成功利用计算机执行了数值天气预报。这标志着数值天气预报时代的开始。

数值模拟预测天气的核心概念包括以下几个方面:

1. 大气模型:大气模型是数值模拟的基础。它描述了大气中的物理和动力学过程,如大气的运动、辐射传输、湿度变化等。这些模型通常基于守恒方程和热力学原理构建。

2. 网格系统:数值模拟使用网格系统将地球表面分成离散的网格单元,以便在不同的位置和高度计算大气和地面参数。网格的分辨率决定了模拟的精度和计算复杂性。

3. 初始条件和边界条件:为了开始模拟,必须提供适当的初始条件和边界条件,包括大气参数、海洋温度、陆地特性等。这些数据通常来自观测。

4. 时间步进方法:数值模拟是一个时间步进过程,每个时间步骤都计算下一个时刻的大气状态。通常使用数值积分方法来完成这些计算。

5. 数据同化:将观测数据与模型输出进行比较和融合,以不断改进模型的预测。数据同化是提高数值模拟准确性的关键环节。

6. 模型验证和评估:数值模拟的结果需要通过实际观测进行验

证和评估，以确保其准确性和可靠性。

数值模拟预测天气的复杂性在于大气系统涉及多种尺度的相互作用，包括从小尺度湍流到大尺度的气候系统。模型处理这些不同尺度的过程需要更精细的架构与更强大的计算能力，同时由于大气模型中初始条件和某些参数的不确定性，整体具有很大的挑战性。

尽管如此，数值模拟预测天气作为计算仿真模拟范式的一个重要应用，它展现了计算仿真模拟在解决复杂实际问题中的巨大潜力，为我们提供了更好地理解和掌握自然界的能力。

（五）计算仿真模拟范式的局限性

模型参数不确定性：计算机模拟模型的参数通常需要根据实验或观测数据估计，这可能引入不确定性。不确定性的量化和管理是一个挑战。

计算资源高要求性：模拟复杂系统可能需要大量计算资源，包括高性能计算机集群，这对于一些研究者和组织来说可能是一项经济负担。

模型简化局限性：为了使模拟可行，模型通常会对系统进行简化，可能忽略某些复杂性和非线性效应。

（六）计算仿真模拟范式的发展趋势

计算仿真模拟范式代表了现代科学研究的一种强大方法，它利用计算机技术来模拟和研究复杂系统的行为，提供数字化的、可重复的实验环境，用于研究和理解各种自然和人工系统。这一范式以一种高成本效益的研究手段为我们提供了深入了解自然现象和复杂系统的机会，有助于推动科学知识的发展和解决实际问题。

四、第四范式：数据密集型科研范式

随着计算机技术的迅猛发展，数据的产生和存储能力大大增强，科学家们面临着前所未有的大规模、多源、多维度的数据集，数据的获取、管理与分析逐渐变得困难。同时，复杂系统的整体性研究需求、新兴的数据科学工具与技术及科学研究的跨学科趋势等共同催生了第四范式——数据密集型科研范式。数据密集型科学由三个基本活动组成：采集、管理和分析。数据从各种不同规模和性质的来源涌来，包括：①大型国际实验；②跨实验室、单一实验室或个人观察实验；③个人生活。各种实验涉及许多学科与大规模数据，特别是它们的高数据通量使得寻找合适的采集、管理与分析工具成为巨大的挑战。第四范式强调数据的重要性，更加注重如何从这些海量数据中提取有意义的信息和模型，[①]尤其是大规模数据的采集、存储、分析和应用。2007 年 1 月 11 日，吉姆·格雷(Jim Gray)在计算机科学与电信委员会大会上的最后一次演讲中描绘了自己关于科学研究第四范式的愿景。他呼吁资助开发用户数据采集、管理和分析的工具，以及交流与发布的基础设施，还强调要建立起与传统图书馆一样普及和强大的现代化数据与文件存储体系。这一范式的兴起和发展标志着现代科学研究在信息时代的转变，为我们深入了解自然现象、社会系统和做出科学决策提供了前所未有的机会。以下将详细探讨数据密集型科研范式的历史、原则、方法以及其在科学研究中的重要性。

(一)数据密集型科研范式的历史

随着计算机技术、云计算、大数据技术、机器学习等领域的迅速发展，

---

① Resnyansky L. Conceptual Frameworks for Social and Cultural Big Data Analytics: Answering the Epistemological Challenge[J]. BigData&Society，2019，6(1)：1-12.

以数据密集型方法开展研究变得更为普遍，科学家们强调在科学研究中更加集中地使用大规模、多源、多维度的数据来推动研究。[①]

互联网的兴起：20 世纪末，互联网的发展使信息的交流和分享变得更容易。科研人员可以跨越时空协作，共享数据和研究成果。

高性能计算：21 世纪初，高性能计算机的出现使大规模数据分析和模拟成为可能，为科学研究提供了更强大的工具。

传感器技术的发展：各种传感器技术的进步，使科学家能够采集大规模数据，用于研究地球、宇宙和生命。

大数据和云计算：21 世纪中期，大数据技术和云计算的兴起使数据存储、处理和分析变得更加容易和经济高效。这为数据密集型科研提供了基础设施和资源。

（二）数据密集型科研范式的原则

数据密集型科研范式遵循一系列原则，以确保数据的质量、可访问性和隐私保护。以下是数据密集型科研的一些基本原则。

数据质量：数据应具有高质量，包括准确性、可重复性和完整性。科研人员应采取措施来确保数据的质量，如校正仪器误差和推进数据格式标准化。

数据共享：数据应该是开放和可访问的，以便其他科研人员审查、重复分析和利用这些数据。开放数据有助于推动科学研究的透明性和协作。

数据安全和隐私：敏感数据需要受到保护，以确保隐私和安全。科研人员应采取措施来加密、脱敏或匿名化敏感信息。

数据管理：数据应该被有效管理，包括存储、备份、检索和文档化。数据管理计划有助于维护数据的完整性和可用性。

---

① 刘涛雄，尹德才. 大数据时代与社会科学研究范式转变[J]. 理论探索，2017(6)：27-32.

数据标准化：数据应该按照标准格式和元数据进行描述和存储，以便其他科研人员理解和使用这些数据。

（三）数据密集型科研范式的方法

数据密集型科研方法涵盖了各个科学领域，包括物理、生物、社会科学、环境科学和医学。① 以下是一些常见的数据密集型科研方法。

大数据分析：通常涉及使用高性能计算集群来处理和分析大规模数据集。这种方法用于从数据中提取模式、关系和洞见。

计算模拟：可以用于模拟复杂系统的行为，如气候模拟、分子动力学模拟和金融市场仿真。

生物信息学：使用计算技术来研究生物学数据，包括基因组学、蛋白质组学和生物医学图像处理。

社交网络分析：研究人际关系和信息传播，通过分析社交媒体数据和网络结构来了解社会互动。

地理信息系统（GIS）：用于管理和分析地理空间数据，包括地图、卫星图像和地理数据库。

（四）数据密集型科研范式的重要作用

数据密集型科研范式已经改变了科学的面貌，为我们提供了更深入、更全面地了解自然现象和社会系统的机会。在知识发现方面，数据密集型科研允许科学家从大规模数据中发现之前未知的科学事实与关联，从而生产新的知识、模式和关系。相比传统的假设驱动，数据密集型科学更多地依赖于数据驱动的发现过程。在预测模型方面，数据密集型科研范式可以基于历史数据，建立模型预测未来发展，如气候变化、疾病流行趋势，并且

---

① D'Orazio P. Big Data and Complexity: Is Macroeconomics Heading toward a New Paradigm? [J]. Journal of Economic Methodology, 2017, 24(4): 410-429.

为政策制定和商业决策提供数据支持，增强决策的科学性和准确性。在个性化与精准化方面，在医学领域使用大规模数据可以实现个性化治疗，根据患者的基因组和临床数据制定治疗方案；在农业领域通过分析土壤、气候等数据，提供精准的农业生产指导。在创新和竞争力方面，数据密集型科研促进创新和经济竞争力。企业和国家通过数据驱动的决策获得竞争优势。①

案例 2-7：环境应用科学

环境应用科学强调对环境数据的集中处理和利用。这包括大气、水文、地理等多个领域的数据，形成一个综合的环境数据集，以支持科学研究。环境应用科学通常涉及不同领域的专业知识，开放性的数据共享有助于整合多源数据，推动环境研究的综合性发展。

1. 大规模数据采集：环境应用科学依赖于大规模的数据采集，如通过遥感技术、传感器网络等手段，获取大范围、高时空分辨率的环境数据。这些数据的采集是数据密集型科学的基础。

2. 机器学习和数据挖掘：为了从大规模数据中提取模式、关联和趋势，环境应用科学采用机器学习和数据挖掘等方法。这些方法能够处理复杂的环境数据，帮助科学家更好地理解环境系统的行为。

环境应用科学通常会采用多模态数据采集、数据实时性需求分析、模型与观测融合等方法，及时处理和分析大量实时数据，准确地描述环境系统的动态，以支持决策和应急响应。

环境应用科学在第四范式的框架下展现了数据密集型科学的典型特征，包括对大规模数据的管理和分析、对跨学科和协作的需求、对机器学习等新兴技术的应用，强调环境数据对科学研究的关键性贡

① 黄萃，陈静，陈惠玲．第四研究范式：数据驱动下的人文社科研究模式跃迁[J]．中国高校科技，2021(10)：10-14.

献,以及数据在环境决策和管理中的实际应用,可以更有效地预测自然灾害,为政策制定者提供基于数据的决策支持,促进可持续发展。然而,由于环境数据的质量和可用性、处理方法与技术的复杂性,以及跨学科整合等挑战,环境应用科学还有较多问题需要进一步思考与解决。

(五)数据密集型科研范式的局限性

数据隐私:大规模数据采集和分享可能引发数据隐私问题。在处理个人数据时,必须谨慎处理。

数据质量和可信度:不完整或不准确的数据可能导致误导性的分析结果。数据的质量和可信度是一个持续关注的问题。

数据分析挑战:处理大规模数据集需要强大的计算和数据分析技能。这对于研究者和组织来说可能是一项挑战。

数据过载:大规模数据可能导致数据过载问题,使得科学家难以筛选出重要信息。

(六)数据密集型科研范式的发展趋势

数据密集型科研范式代表了现代科学研究的未来,强调数据的重要性和信息技术的应用,能够处理、分析和应用大规模数据,促进了不同学科之间的融合,有助于解决全球性问题和推动科学知识的前沿发展,也增强了决策的科学性和准确性。数据密集型科研未来可能会在大数据基础设施、数据伦理隐私、开放科学与数据共享等方面不断发展演化,为科学研究和人类社会的进步提供强大的动力。

随着计算模拟仿真科学范式与数据密集型科学范式的深入发展,许多科学问题在研究层面变得愈发复杂。一方面,随着数据的爆炸式增长,现有的计算方法与工具存在算力局限,只能采取较为粗糙的近似方法解决实际问题;[①]另一方面,对于现有数据的理解与分析存在桎梏,无法高效处理与挖掘高维数据而推动新的科学研究。基于此,越来越多的科学家尝试利用 AI 开展科学研究。它主要基于人工神经网络(artificial neural network)算法,从大量的数据中提取特征和模式,为高阶函数等复杂、高维度、多变量的问题提供了更快速、更有效、更精准的逼近方法,从而帮助科学家发现新的研究问题和方向。各个国家正全面支持 AI 在解决最紧迫前沿科学问题方面的创新技术、工具与应用,目前 AI for science 已在数学、物理学、生物医学、材料科学等领域取得了许多令人瞩目的成绩。[②] AI 已经从早期协助科学家分析实验数据的一种辅助工具演变为如今复杂科研任务实现过程中的关键核心技术,且 AI for science 正在重点面向基础学科与原始创新不断突破与发展,AI 有望全面颠覆与重塑传统科学研究的思维与方法。

在科学研究及知识生产过程中,这四个科学范式不是相互排斥的,而是相互补充和融合的。每个范式都有其独特的优势和局限性,科学家们常常利用不同科学范式的交织与协同开展科研工作。例如,在基因研究中,科学家们通过 DNA 测序获取基因数据等实验方法,利用生物学和遗传学的理论来解释基因数据,使用生物信息学工具和计算模型来分析基因序列,应用大数据技术和机器学习来识别基因变异与疾病之间的关联。实验、理论、计算与数据分析的结合,共同推动了对人类基因组的理解,促进了个性化医疗和精准医疗的发展。

一方面,科学范式的融合可以解决更多跨学科问题与复杂系统问题,这些范式之间的界限将会变得更加模糊,它们将更紧密地结合在一起,形成一个综合、多元的科学研究方法。另一方面,随着技术的发展,这些范式

---

① Hey T. The Fourth Paradugm-Data-Intensive Scientific Discovery[M]. The Science Press, 2009:5.

② 王飞跃,缪青海.人工智能驱动的科学研究新范式:从 AI4S 到智能科学[J].中国科学院院刊,2023,38(4):536-540.

在解决科学问题时的作用和影响也在不断演变，可能会出现新的科学范式，进一步推动科学发展。总体而言，不同的科学范式在解决复杂科学问题时相互依赖，相互促进。它们共同构成了现代科学研究的多元化和综合性格局。

第三章　技术攻关范式演进的基本原理

技术范式提出之初仅是经济学语境下的概念，并非从技术角度对技术范式做出的形而上学解释。但不容否认的是，自此以后，人类开启了关于技术范式的持续性研究，提出了许多有益的主张，如我国学者郑雨参考科学范式的二层结构，认为技术范式由“技术硬核”和“保护带”共同构成。[①] 当前，人工智能、大数据、量子科技等一大批新兴技术的快速发展正将新一轮科技革命、产业革命推向新的高度，前沿性创新、颠覆性科技层出不穷，新技术攻关范式也已“小荷才露尖尖角”。如何把握技术领域的范式转型要义并进行有效预见与主动应对，成为各创新主体抢占科技制高点行动要解决的头等大事。

一、技术攻关范式的层级结构

乔瓦尼·多西(Giovanni Dosi)认为，技术的发展与科学发展相类似，都表现出一定的方向性，是累进与飞跃的共同过程。[②] 技术的迭代跃迁何以可能，其中一个重要原因就在于技术之间通过技术攻关范式实现了技术

---

① 郑雨. 技术创新研究的哲学视角[J]. 科学学研究，2005，23(S1)：6-10.

② Dosi G. Technological Paradigms and Technological Trajectories: A Suggested Interpretation of the Determinants and Directions of Technical Change[J]. Research Policy, 1982(11):147-162.

知识的累进和技术轨道的变迁。从科技发展史看，技术通约性特征的保持，很大程度上得益于技术攻关范式独特的层级结构。每种类型的技术攻关范式不完全是对前一技术攻关范式的取代，所谓的前后或新旧技术攻关范式往往是并存的，如从手工制造到大规模定制，制造技术攻关范式的演进并不是在某一家企业、某一个高校连续迭代的，也不是前一个范式量变到质变为后一个范式的。现在审视技术攻关范式，我们无法简单就技术谈范式或就范式谈技术，而应从更为系统的内在层次、主体属性、外在关系等各个层面来认识技术范式的全貌。

（一）技术攻关范式的逻辑层次

作为创新范式的一种，技术攻关范式遵循着从本体论到认识论再到方法论的构造逻辑。技术攻关范式跃迁至今，已告别了原初状态的简单技艺，而是关乎创新内容、创新环节、创新方法等方面的复杂体，如当前的技术攻关范式，就是技术人员依靠算力和算法，将物理世界的数据转换或生产为有用的信息和知识，并开创与物理世界具有映射关系的数字世界，以指导物理世界中技术创新发展的过程。

从本体论的角度分析，技术攻关范式是关于技术知识重组或技术要素整合等创新内容的共同规律性认识。复杂的技术攻关无法通过零散的知识完成。创立技术攻关范式意味着围绕某一技术攻关任务或解决某一技术难题，形成了具有学科支撑的技术知识体系。借由这一技术知识体系，不同技术知识之间建立间接或者直接的联系。更为重要的是，各种技术要素依据知识相关性建构了复杂技术知识结构。这样的过程伴随着对旧技术知识的舍弃，对新技术知识的引入，对不同技术知识的重组，以及对旧技术要素的剥离、新技术要素的汇集等。

从认识论的角度分析，技术攻关范式是关于技术原型设计或技术样品制造等创新环节的共同规律性认识。技术攻关范式对于产品生产链条的呼应就在于技术原型或技术样品，这也构成了技术攻关范式在创新环节的技术导向。技术攻关范式可以统一技术理念、标准指导技术原型设计或技术样品制造，助力形成不同技术相互配合的整体方案，根据各技术要素的特定功能进行匠心配置，并在技术原型设计或技术样品制造过程中恰到好处地发挥技术人才、技术手段等作用。

从方法论的角度分析，技术攻关范式是关于技术步骤实现或技术规程安排等创新方法的共同规律性认识。作为一种实践性创新范式，技术攻关范式主要解决的是技术领域“做什么”“怎样做”以及“怎样做得更好”等问题。面对一个技术目标或技术难题，技术人员可以利用技术攻关范式找到合适的技术知识和经验，选择或创造适宜完成目标或解决问题的程序、规则、技巧。其底层逻辑在于利用技术攻关范式筛选最优的技术路线或技术轨道，从而取得相应的技术突破。

（二）技术攻关范式的主体辨析

“技术揭示人对自然的能动关系，人的生活的直接生产过程，以及人的社会生活条件和由此产生的精神观念的直接生产过程。”[①]在讨论技术攻关范式内涵时离不开对于主体内容的研究，这是因为技术攻关范式天然具有主体性属性和群体性特征。几个人基于共同的理念、方法、程序操作仪器或开展技术突破无法构成本书所言的技术攻关范式。只有一群专家学者、工程师等就解决类似的技术难题遵循了相同的技术理念，使用有普遍意义的步骤等，才具备了从技术攻关范式角度进行考察的价值。正如孔斯坦特所认为的，“技术范式的定义可以是公认的一个技术操作模式……当技术范式被该技术领域的从业者所形成的共同体所接受与定义时，该技术范式就成了常规性的系统。技术范式就会跟科学范式一样，由实践、方法、

① 马克思，恩格斯. 马克思恩格斯全集：第二十三卷[M]. 中共中央马克思恩格斯列宁斯大林著作编译局，编译. 北京：人民出版社，1972：410.

程序操作、仪器、原理以及具有特殊感知的系列性的所共有的技术方法组成。技术范式就是一种认知性的东西”。① 从这个意义上讲,运用技术攻关范式的主体为技术共同体。正是技术共同体的存在,才有了稳定、批量运用、传播、维持同一技术攻关范式的群体。

技术是把其内在尺度都运用到了其活动对象中去了。② 技术共同体以同一标准将技术的内在尺度运用到改造世界的进程中,构成了技术攻关范式在技术人员这一主体群像中的生动表征。由于群体传播的效应,技术共同体与技术攻关范式可以成为相互成就的对象。在新技术攻关范式尚未形成时,一些特定群体会趋向于用同一新理念、新标准、新规范开展技术研究、进行技术交流,已接受新理念、新标准、新规范的技术人员可能会慢慢影响仍未接受的技术人员,久而久之,新理念、新标准、新规范等就演化为更多技术人员普遍遵守或采纳的技术攻关范式,而接受同样理念、标准、规范的技术群体就形成了认可新技术攻关范式的技术共同体。可以说,技术共同体在影响到技术攻关范式构建后,往往以此为中介引领、指导“卡脖子”问题解决等。

技术共同体的群体性意味着人员职业越是多元、类型越是多样,越有利于稳固技术共同体,越有利于形成技术攻关范式。在技术知识的更新、技术路线的变换、技术轨道的转移等各个环节均涉及技术人员的参与,其间将会出现科学家、工程师、实验技术人员、技术咨询人员等各个群体的身影,也必然会有研究型大学、科技型企业、科研机构等组织参与。他们因为共同的技术攻关任务而集聚在一起,因为共同的技术理念而遵循相同的技术操作规程,如为了应对新一轮数字科技浪潮和适应快速迭代的技术攻关任务,无论大学、企业等组织,还是科学家、工程师等个体,均不约而同地采

---

① Constant E W. A Model for Technological Change Applied to the Turbojet Revolution[J]. Technology and Culture,1973:554.

② 马克思,恩格斯. 马克思恩格斯全集:第四十二卷[M]. 中共中央马克思恩格斯列宁斯大林著作编译局,编译. 北京:人民出版社,1979:97.

取了群体性技术交叉突破等方式。

（三）技术攻关范式的外在关系

技术攻关范式无法孤立存在，对外既要与竞争性的技术范式发生关联，也要与外部环境相互影响、相互渗透。就后者而言，技术攻关范式是个动态发展、相机调整的过程，在其发展过程中会与外部环境开展双向“试错”，进而形成有利于范式形成的技术内容选择、技术环节安排和技术方法判断。这样的外在关系实际上构成了技术攻关范式与外部环境互动的连接关系。

从要素角度分析，与技术攻关范式形成、演进密切相关的外部环境要素为辅助技术和制度规范。辅助技术作为硬支撑，可与受技术攻关范式支配的核心技术组成完整的技术解决方案，如在手机技术制造中，芯片技术就是其中的核心技术，屏幕技术就是其中的辅助技术。失去这些辅助技术，受同一技术攻关范式影响的核心技术就无法完整地发挥其功效。制度规范作为软支撑，可从技术标准、技术规则等层面确认技术攻关范式所认可的技术内容、技术环节、技术方法等，如在工艺技术研发中，可通过技术标准体系将数字技术攻关范式所确认的内容、方法、步骤转化为操作规程等工艺控制标准、特殊工序、计算机辅助工艺过程信息接口标准等。有了制度规范的加持，技术攻关范式的主体内容或基本形态就可以固化，从而更利于共识的形成与范式的传播。

除了内部的自适应、自完善外，技术攻关范式通过与外部环境的互动，进一步完成了功能改进、结构优化、性能提升等过程。在共同的技术攻关范式作用下，辅助技术等外部环境要素需要寻求与其相匹配的核心技术、协同创新方法等，而技术攻关范式的演进同样会影响外部环境要素的组合方式及交互机制。这样的互动是非线性耦合关系，既可能侧重于辅助技术、制度规范与技术内容、技术环节、技术方法之间“一对一”

“一对多”“多对多”的联系，也可能发生在技术路线、技术轨道变革进程中的多向共生。

二、技术攻关范式转换机理分析

复杂学体系大师布莱恩·阿瑟(Brian Arthur)在《技术的本质》一书中将技术的本质和内在规律概括为进化。技术攻关范式的迭代就如同生物体的变化一样，涉及内部基因和外部表型的改变。技术攻关范式转型意味着技术突破的底层逻辑发生转向，可能引发对于技术价值、基础设施、技术最优解等技术攻关基本问题的重新思考，从而改变前一技术攻关范式确立的技术理念、技术约束条件、技术判断等。从促成技术攻关范式跃迁的原因探究，可以从技术内容变化、技术环节变化、技术方法变化、外部环境变化等方面分析其中的机理。

(一)因技术内容变化导致的技术攻关范式转型

技术依托紧密关联的科学技术知识和技术要素而存在。技术知识重组形式、技术要素整合方式的改变是技术攻关范式在源头上的改进。量子科技的发展可以较好地说明技术内容变革对技术攻关范式转型带来的影响。

回顾量子科技的主要发展历程，可以发现贯穿其中的一条主线就是技术知识和技术要素不断重组、技术攻关范式不断迭代。在 20 世纪初，普朗克、玻尔、海森堡、薛定谔等一大批物理学家共同创立了量子力学，使人类认识了微观世界的规律，完成了技术内容的更新和技术攻关范式的转变，进而产生了半导体、激光、核能等改变世界的重大发明。[①] 进入 20 世纪 80

① 潘建伟.量子科技帮我们理解人类智慧[N].光明日报，2020-11-03(8).

年代，科学家从知识改造与跨领域应用入手，将量子力学应用到信息领域，利用量子体系的独特性质对计算、编码、信息处理和传输过程给予新的诠释，开发出新的、更为高效的信息处理功能，从而诞生了量子计算、量子通信、量子传感等技术，如量子计算利用量子态的相干叠加性和纠缠特性实现量子的并行计算，其中有些应用远超经典计算，为密码分析、气象预报、石油勘探、药物设计等需要大规模计算的难题提供解决方案，成为后摩尔时代和后化石能源时代人类生活的技术依托。[①]

技术攻关范式通过技术知识变更、技术要素改变等方式作用于技术选择，这种作用可以是事前对于可能的技术变异方向的选择，也可以是事后即在试错后对于技术变异内容的选择。当然，并非所有的技术知识变更和技术要素改变均能引起技术攻关范式转型。技术攻关范式的更替是从一个技术平衡状态向另一个技术平衡状态的转化，需要从社会网络视角动态捕捉技术平衡状态下技术知识变动等影响因子的规模、频率、动向。

(二)因技术环节变化导致的技术攻关范式转型

一项成熟的技术攻关范式往往既可以动态、系统地指导材料、工艺、能源等技术要素的组合，也可以促进创新链产业链深度融合，推动开展新技术、新产品、新服务、新模式应用试验。技术环节的调整极有可能形成完全不同的技术解决方案，产生各具特色的技术原型或样品，进而促成技术攻关范式转型。

我们从解剖大规模定制的制造技术攻关范式入手，可以得到相应的启示。当前，产品制造的逻辑已从生产商主导转向消费者主导，而大规模定制的技术攻关范式就是应对这一逻辑转向的产物。大规模定制是把大规

---

① 郭光灿，周正威，郭国平. 量子计算机的发展现状与趋势[J]. 中国科学院院刊，2010，25(5)：516-524. 中国科学院科技战略咨询研究院课题组. 数字科技一第四次工业革命的创新引擎[M]. 北京：机械工业出版社，2021：123-132.

模生产时代单一产品的标准化降级到产品模块的标准化生产。其中的变化在于从产品整体的大规模生产到产品模块的小批量生产，然后通过产品模块的组合实现产品整体的多样性供应。而要实现产品模块标准化生产，就需要企业在产品设计、工艺流程、供应链、生产过程、工厂构造、产品服务、客户关系等各个技术环节按照模块化生产的逻辑进行重构，重构的目标是要实现模块化生产以及模块化的动态重组。①

作为创新链的重要一环，技术攻关属于应用研究一类，处于基础研究之后、产业转化之前，除了因自身的技术突破需要主动调整技术环节、技术方案外，另有一种可能就是在创新链条延伸的情况下，前后端的基础研究、产业转化发生了范式转型，会直接倒逼技术攻关环节做出被动应对，进而促成技术攻关范式的迭代。

（三）因技术方法变化导致的技术攻关范式转型

技术攻关无法脱离技术方法而单独进行。技术攻关范式作为价值观的存在，其赋予技术方法的任务是根据技术攻关目标，科学有效地将优质的知识、技巧、信息、人才等资源按有利于解决问题的步骤、逻辑、机制和原则组织起来。不同方法的采用，往往意味着不同的技术攻关范式，传递着不同的价值取向，显示着不同的解决效果。

以美国水资源供应的统计技术攻关范式为例，②过去，供水系统、防洪措施、水库的蓄洪能力往往由静态的调节程序预先确定，而不考虑水文年类型、雪盖现状或洪水风险，但当出现人口增加或人口重新分布、已有供水系统老化等情况时，既有的技术观测方法和调节手段就无法通用。这一情况在对融雪径流的测算中尤其严重。随着全球气候变暖越来越严重，影响

---

① 杨青峰. 未来制造：人工智能与工业互联网驱动的制造范式革命[M]. 北京：电子工业出版社，2018.

② 托尼·海，斯图尔特·斯坦利，克里斯汀·托尔. 第四范式：数据密集型科学发现[M]. 潘教峰，张晓林，译. 北京：科学出版社，2012：14-16.

水供应的情形也将会发生得越频繁，而居民越发关心如何有效控制供水并维持水带给人类的益处。面对此类情形，以往采用的技术攻关范式是依赖稳定气候下的历史观测、经验关系和模型来设计和运作供水系统，但现有的统计技术无法完成该项任务，即便有相对完善的观测网络，科学家也无法分离蒸发和径流中的雨量和雪量，同时他们还缺少处理雪盖、森林和碳储存关系的知识等。此时就需从技术规程、技术步骤等技术方法上进行变革，如必须发展出新的有效利用不完全知识的方法（包括强大的参考引擎和统计解释），通过遥感方式建立新的知识工具，对整个山脉积雪区域进行精确和持续的卫星评估，建立用于雪和土壤温度的可靠且低成本的传感器与远程测量系统等。

就难易程度分析，相较于技术内容的更迭、技术环节的改造，由技术方法入手引进新的操作方法更易促成技术攻关范式的转型，如数据密集型范式因对技术攻关方法具有广泛适用性而渐成主流。同样，新技术方法的引入并不必然会引起技术攻关范式的迭代，只有该方法的运用构成了技术攻关领域的通例，范式转型才可能真正完成。

(四)因外部环境变化导致的技术攻关范式转型

技术攻关范式的演进无法不受外部环境变化的影响，辅助技术与核心技术组合关系的调整、制度规范要求的强化等均可能“激活”某些技术攻关范式的“隐性基因”，进而引发技术知识的重新组织、技术步骤的重新优化、技术方法的重新评估等。此类变革可能会引起技术攻关范式“内部基因”和“外部表型”的同步变化，也可能仅是造成了技术攻关范式“外部表型”的变化。

这方面的典型事例莫过于医疗环境因素的变化给健康服务技术等带

来的范式转变。[①] 从患者侧看，一些医院特别是小医院存在着健康无管理、看病无引导、用药无指导等现象。引入人工智能等信息辅助技术，可以更好地记录、存储和分析患者的健康信息，为患者提供更加精准化和个性化的健康服务，如浙江大学医学院附属第一医院的智能导诊机器人“糖宝”，不仅可以通过人机对话为患者提供分诊、带路等常规性导医服务，而且可以通过人脸识别，迅速呈现患者所有的病历记录。从医生侧看，一些医生存在着对患者了解不足、工作强度大等问题。引入人工智能等信息辅助技术，建立用户健康画像、影像读片系统等，则可以帮助医生更加快速、全面地了解患者和病情，从而减轻医生体力和脑力劳动的强度，如在新冠疫情的诊疗防控中，AI 辅助诊断系统曾应用于包括武汉雷神山医院、火神山医院在内的全国多家医院，在病灶发现、病情判断和转危处理等方面发挥了重要作用，大大减轻了医生的工作负担。从医药侧看，当前药品研发周期长、供应链管理信息不畅等问题突出。引入数字制度、信息技术等外部环境因素，构建全新的生态链系统，可以进一步提升药物研发、生产和供应链管理水平，如英国的 Benevolent AI 公司利用一套计算与实验性技术流程平台，捕捉大规模生物医学数据并据此做出推理，从而进一步改善了药物发现流程的各个环节。

与技术攻关范式相匹配的制度规范、辅助技术等强化了价值逻辑，使得该范式蕴含的价值能以最优的方式呈现，但与此同时，价值观和外部环境又限制了该范式的自我进化，使得该范式难以在自身基础上量变或质变出更新的技术攻关范式，而只能“眼见”外部再产生一个个代表新价值观、更加适应技术发展需求、由更新技术实现、由新制度环境支持的新技术攻关范式。

① 吴朝晖.面向美好生活，以智慧健康架起健康浙江建设之路[R].杭州：浙江大学，2020-09-24.

三、技术攻关范式转型引发的技术变革

技术创新领域的多元性和社会需求的异质性决定了技术攻关范式的复杂性，万变不离其宗的是技术变革与技术攻关范式演进具有方向上的同一性。“技术创新会在技术范式的指引下沿‘S’型前景发展，并在达到此技术范式下的发展极限时，进入来自快速发展的新范式技术对旧范式技术进行‘非线性打击’的范式转变期。”[①]随着技术攻关范式的迭代，技术亦会随之发生意想不到的变化。

(一)技术攻关的演变趋势

技术创新的跃迁趋势深受技术攻关范式发展走向影响。数字浪潮引发的技术攻关范式转型进一步模糊了技术内涵和角色分工，使技术变革周期越来越短，呈现出不同以往的变化。

1. 技术创新显现横向融合与垂直分离并存的迹象

科学技术诸多领域在交叉汇聚过程中，呈现出多源爆发、交汇叠加的“浪涌”现象。[②] 技术的组织边界、要素边界、行业边界日渐模糊，特别是数字化方式不仅被作为工具加以使用，也作为内在要素深入渗透到相关技术的攻关思维中。因此技术的跨界成为常态，如数字科技和生物科技的融合正在引发包括科技攻关范式在内的多重变革，产生了设计育种、精准医学等一系列会聚型科技。

进入后摩尔时代，科技发展仍保持着强大的内生创新动力，特别是以数

---

① 吴晓波，林福鑫，李思涵，等. 穿越周期：工业 5.0 与第六代创新管理范式[J]. 清华管理评论，2023(Z1)：82-93.

② 中国科学院科技战略咨询研究院课题组. 数字科技—第四次工业革命的创新引擎[M]. 北京：机械工业出版社，2021：9.

字科技为代表的技术在更新的阶段和更深的层次展开了对传统产业、旧有技术的改造,相似技术的融合和辅助技术的分离成为两条并行的发展轨迹。从技术集群化角度看,越来越多的新兴技术、未来技术集聚在大生命、大信息、大物质等领域,形成了日益明显的技术群落现象。从技术精细化角度看,技术的发展如同企业一般,也向着专精特新分离,更多主导性技术从已有的技术体系中"挣脱"出来,成为技术攻关范式关注的核心技术。这种现象在制造工艺领域较为普遍,如在制造精密金属器件过程中,精确的打孔技术是一项可分离的技术,虽然该技术对于制造小型武器这样的"大事"和对于制造缝纫机这样的"小事"都能适用,但不妨碍其独立于核心制造技术而存在。

技术的横向融合和技术的垂直分离虽在技术发展形式上存在差异,但其发展方向是一致的,都是沿着技术未来的发展需求前进。技术的融合或是为了彰显"1+1>2"的效应,或是为了开辟新技术领域,而技术的分离或是为了做优做强核心技术方向,或是为了将辅助技术独立成主导的技术方向,如"ITBT"的形成就代表着信息技术与生物技术融合的大趋势。

2. 技术创新展现数字化、网络化、智能化进程加速趋势

历次工业革命都带来了社会生产力的大解放和发展驱动力的大跃升,但与前三次工业革命均由知识发展驱动技术变革所不同,第四次工业革命与第二次机器革命高度融合、叠加推进,是以数字化、网络化、智能化驱动现代化的过程,将加快人、智能机器、物理世界、数字信息世界等融合共生的四元空间的到来,有望通过"智能机器"与人类大脑的连接实现"体力外包"向"脑力外包"的转变,如信息科技的核心是提升计算能力,以"计算+"为实质的信息技术将极大增强精准认识自然界和人类自身的能力,并基于强大的场景塑造能力而形成新的社会空间。①

---

① 吴朝晖.应对变局 开拓新局 以卓越创新引领学校"十四五"改革发展新征程——在浙江大学2020年暑期工作会议上的报告[R].杭州:浙江大学,2020-08-24.

作为第四次工业革命的驱动力，数字化、网络化、智能化将串联所有的技术攻关领域，引发微观、中观、宏观层面的重大技术变革。在微观层面上，数字化、网络化、智能化进程将使人类观察世界和认识技术的尺度更加细小、极致，认知工具更加有效，为创造精细器物开辟新的方向；在中观层面上，数字化、网络化、智能化进程将加快各行各业的科技赋能，通过在衣食住行医等各方面的技术攻关改变生产关系、社会结构和人类自身；在宏观层面上，数字化、网络化、智能化进程特别是量子信息的发展，将使人们观测和认识宇宙范围内物质现象过程的能力大大提高。可见，传统的技术攻关范式已不能适应未来的技术发展需求。根据未来的场景设定，未来的技术攻关将以数字化、网络化、智能化为主要特征，以数字科技为核心，以技术与产业深度融合为主线，形成在生物医药、新能源、新材料、新工程等多领域集群式突破的格局。

可以预见，在新的技术攻关范式引领下，新的技术类型、新的经济形态、新的基础设施、新的运行制度会呈现体系性进展。一方面，人工智能、云计算、大数据、物联网、区块链等技术层出不穷，大大拓展了新技术的内涵与类型，如“新一代信息技术”出现了代际升级，量子计算、脑机接口等技术领域已远远突破了原来的信息技术范畴；另一方面，引领第四次工业革命创新的技术攻关范式正在向纵深发展，其不只是技术的发展，更展现了“数据—信息—知识”一体的跃进，需要相关学科的融合和新的以智能机器研究为主体的科技支撑。①

（二）技术攻关范式转型下的颠覆性技术突破

对于颠覆性技术的内涵和外延，虽然学界、商界、政界至今没有形成统一的认识，但依据技术攻关范式进行理解和阐释却是其中不变的主线。颠

① 中国科学院科技战略咨询研究院课题组．数字科技—第四次工业革命的创新引擎[M]．北京：机械工业出版社，2021：2.

覆性技术或被定义为以意想不到的方式取代现有主流技术的技术;①或被认为会破坏原有的技术轨道,使原本的技术生命周期断裂,并形成新的技术轨道,是一种新兴的替代性技术;②或被界定为以科学技术的新原理、新组合和新应用为基础开辟全新技术轨道,导致传统产业归零或价值网络重组,并决定性影响社会技术体系升级跃迁,或国家现有基础、能力、结构等重构的战略性创新技术。③ 进入21世纪第三个十年,全面创新④和开放创新⑤理念深刻影响着技术攻关范式,进而引发颠覆性技术呈现多点链式突破、交叉融合渗透、群体联动跃进的态势。

1. 促成颠覆性技术突破的原因更趋多元

颠覆性技术是从既有的技术体系中生发出来的新主导性技术,意味着在其产生、发展过程中存在着与现有主流技术配套基础、产业体系不相适应的现象,其壮大的结果必然是改变甚至颠覆既有技术体系。在全面创新的时代背景下,颠覆性技术的产生方式越发令人"意想不到",科学发现、需求牵引拉动和应用场景倒逼均可能构成其中的原因。

一是基于科学原理的重大突破而形成颠覆性技术,如对大脑能够灵活处理视觉、听觉、学习、思考、判断等机理的揭示和在类脑芯片、深度学习、脑机接口等领域的探索,为通用人工智能技术的革命性发展提供了前提性

---

① 克莱顿·克里斯坦森.创新者的窘境[M].胡建桥,译.北京:中信出版社,2014:15.

② Andersen B. The Evolution of Technological Trajectories 1890—1990[J]. Structural Change and Economic Dynamic, 1998, 4(9):5-34.

③ 刘安蓉,李莉,曹晓阳,等.颠覆性技术概念的战略内涵及政策启示[J].中国工程科学,2018,20(6):7-13.

④ 全面创新最早由中国创新管理领域的创始学者许庆瑞院士于2002年正式提出,其内涵是"三全一协同",即全要素创新、全员创新、全时空创新、各创新要素在全员参与和全时空域范围内全面协同。相关观点参见陈劲,尹西明,梅亮.整合式创新:基于东方智慧的新兴创新范式[J].技术经济,2017,36(12):1-10,29.陈劲,吴庆前.中华传统文化中的创新因素与第四代管理学[J].科研管理,2019,40(8):12-19.

⑤ 开放式创新由亨利·切萨布鲁夫在《开放式创新》一书中提出,并将该类创新定义为企业可以同时利用内部和外部有价值的知识来加快内部创新,并且利用外部的创新来拓展市场,其过程是把内部创意和外部创意整合到同一个系统和组织架构中。相关观点参见[美]亨利·切萨布鲁夫等.开放创新的新范式[M].陈劲,等译.北京:科学出版社,2010:1.

的理论支撑。该类型技术一出现便会快速向各个领域渗透、融合，往往会产生定义时代的重大颠覆性技术。这类情况在科技史上虽出现不多，但一经产生便能迅速向各个领域渗透、融合，支撑足以重新定义某个时代的重大颠覆性技术。

二是基于集成创新需求而形成颠覆性技术，如战斗行动集群并行化的需求，可以倒逼自主感知、移动互联、人机交互和自主控制等技术实现跨越式发展。这类情况的本质在于新技术与旧技术的跨界融合，进而导致技术功能的重大突破和性能曲线的显著提升。

三是基于技术的颠覆性应用而形成颠覆性技术，如美军在实施第三次"抵消战略"中，以"作战云""全球监视和打击"等作战应用要求推进无人系统、3D打印等颠覆性技术创新，同时推动无人武器系统、智能武器、定向能武器等新概念武器发展。传统技术的跨界应用或新技术的新应用往往会产生出乎意料的技术效果。

四是基于问题的非常规解决而形成颠覆性技术，如SpaceX的可回收火箭以有悖常理的技术思路实现了现有替代功能，带动了"先开发、再研究"技术攻关模式。该类情况往往会带来措手不及的冲击效果，令大多数人经历"看不上、看不懂、来不及"的心理过程。

2. 颠覆性技术长期演进和阶段爆发的特点更加明显

颠覆性技术的发展充满曲折性和不确定性，是长期演进和阶段爆发并行的历程。一般来讲，颠覆性技术创新可能需要通过若干次主导技术的重大突破才得以完成，如液晶显示技术颠覆电子显像管技术就经过了美欧发源、日本转化、韩国颠覆、中国赶超等120余年的漫长过程。

就时间尺度而言，颠覆性技术的出现往往需要经历酝酿期、萌芽期、潜伏期、形成期、成长期、成熟期等，其演进特性存在不连续性、非线性。在旧有技术攻关范式未被取代前，颠覆性技术可能会遭遇"死亡之谷""亚历山大困境"的双重瓶颈，从而无法由小众走向主流。因此，助力颠覆性技术产生，需要极度关注涉及该技术的新原理发现与传播、新技术的发明与分化、新产业产生与形成等转折点的识别与把握。

就战略取舍而言，发展颠覆性技术需要辩证认识新兴技术与既有技术的关系，掌握现实与未来的平衡。现有技术体系和创新基础虽是颠覆性技术产生的母体，但颠覆性技术的出现往往伴随着“破坏性创新”的力量，一般通过竞争方式加速对现有主流技术的取代或加快传统技术的退出而实现。这意味着在看准颠覆性技术创新趋势的基础上要顺势而为，给予颠覆性技术培育以优先地位，如以政府干预或以技术投资等形式加快既有技术的避让，为颠覆性技术的涌现预留发展空间。

3. 颠覆性技术的体系化结构更为复杂

颠覆性技术产生之所以困难，其中一个原因是颠覆性技术的特征越发趋于复杂，其常态是拥有复杂内在结构的技术群或技术体系，面向物理世界和数字信息世界交互的未来，互不关联的单一性技术创新已很难应对颠覆性技术问题解决和国家战略攻关要求，多技术并用、多线程并进的组合式技术创新成为必然。

在层级上，颠覆性技术的内在结构呼应技术攻关范式的逻辑层次，往往包含主导技术、辅助技术、支撑技术，这些不同类型的技术并不同步，但都具有制约或助力颠覆性技术发展的能力，如北约科学技术组织发布了《科学和技术趋势：2020—2040》，对未来20年世界新兴和颠覆性技术(emerging and disruptive technologies)作出了识别与预测，认为数据(Data)、人工智能(AI)、自主技术(Autonomy)、太空(Space)、高超声速(Hypersonic)、量子(Quantum)、生物技术(Biotechnology)以及材料(Materials)这八大技术领域对世界的影响将会是颠覆性的，并对前七个颠覆性技术的关键技术领域作了进一步的划分，预测了这些关键技术领域成熟的时间点(详见表3.1)。

表 3.1　《科学和技术趋势：2020—2040》有关颠覆性技术影响程度及成熟时间预测

颠覆性技术领域	技术关注领域	军事影响程度	预期成熟时间点/年
大数据与高级数据分析	高级数据分析	革命性	2025
	新通信技术	高	2030
	数据预测性分析与决策制定	革命性	2025
	传感器	高	2030
人工智能	高级算法	革命性	2030
	人工智能应用	革命性	2030
	人机共生	高	2035
自主技术	自主系统	革命性	2025
	人机协同	革命性	2030
	机器自主行为	高	2030
	反制措施	高	2025
太空	技术平台	中等	2025
	作战	中等	2030
	航空传感器	高	2035
高超声速	超高声速推进系统	高	2025
	防御性反制措施	高	2030
量子	量子通信	高	2030
	信息科学	革命性	2035
	精准导航	高	2025
	量子传感器	中等	2040
生物技术	生物信息学	中等	2025
	人体增强	高	2030
	医学救治措施	高	2030
	合成生物学	高	2025

在归属上，涉及颠覆性技术的主导技术、辅助技术、支撑技术等往往不属于同一攻关主体、区域或国家，其形成必然伴随着复杂而大量的技术转

移、技术集成和二次创新,如人类要利用空间和高超声速系统的固有优势和机会,就必须突破在特殊材料、新型设计、微型化、能量储存、制造方法和推进装置方面的技术瓶颈,就需要不同的创新主体开展集成技术攻关,强化“太空—高超声速—新材料”的协同作用,合作研发新的低成本、坚固和特别耐热的材料,甚至拓展3D/4D打印使用规模等。

在形态上,颠覆性技术的转换与技术攻关范式类似,不仅面临既有主流技术在技术主导权和应用能力等方面的激烈竞争,也伴随技术主体的转移、变换,是一个复杂的、动态的技术选择与适应的结果。颠覆性技术虽然具有能使传统行业“投资、产业、技术、人才、规则”归零的革命性力量,但在其壮大成为主导性技术之前仍然无法避免经历必要的成长阶段,如与普通技术一样,颠覆性技术会经历实验室技术、原型或样机技术、商业或军事应用技术等技术形态。

(三)技术攻关范式转型带来的技术组织模式变革

现在的技术攻关范式正日益适应大科学时代的技术突破要求,更加强调多学科交叉、跨领域合作,更加突出以生产要素创新性配置推进技术革命性突破,更加彰显全要素生产率提升。换言之,在大科学时代,技术组织模式发生了前所未有的变化,围绕技术突破往往可以打破现有组织边界、整合内部尖端力量,特别是面对培育新质生产力的新需求,新型劳动者队伍、新型生产工具等要素正在加快优化重组。这样的变革在有组织、有计划、有重点的技术攻关过程中体现得较为明显。

1. 以政府为主导的自上而下的技术攻关:以新型举国体制为例

作为一项科技改革创新举措,新型举国体制在技术领域的应用意味着政府主动承担技术攻关组织者的角色,自上而下完善改进技术组织方式、解决资源配置碎片化等问题,围绕关乎国家长远发展和国家安全的重大技术难题,开展跨学科、多主体、大兵团技术创新。一般而言,技术路径不确定和自由探索型的技术攻关无法适用新型举国体制，因为该体制的实施至少需要具备三个特性：第一，要有战略全局性。该技术需要聚焦国家战略必争领域，是引领全局的方向或关乎国家自主技术能力增强的关键问题，其解决能够对接国家战略需求和维护国家重大安全利益。第二，要有系统复杂性。目标技术对象开发门槛高，难度风险大，需要人财物的持续高水平投入，无法靠单个部门、企业独自完成，需要统筹政府和市场力量，协调科技、产业、金融同向发力，集中国内国际优秀人才资源。第三，要有目标明确性。该技术攻关要有确定清晰的总体目标，在科研成果、产品和关键能力等方面有可量化可考核的指标，可在规定时间内产出较为清晰的标志性成果。因此，根据以上特性，新型举国体制比较适合以下技术攻关任务：

一是研发战略产品或推进系统工程的重大技术攻关任务。此类任务具备规模宏大、技术复杂性高、投资回报率不确定性高、公共性较强等特征，无法依靠单一的政府组织、社会组织或市场主体协调，也无法通过单一的区域性行政命令或区域性的产业集群组织解决，特别是社会资本往往难以承担如此规模的技术创新，需要通过新型举国体制下的市场与政府关系的重新定位，在全过程全环节中调动中央部门、地方政府以及各类创新主体的力量。

二是关键核心技术攻关突破任务。关键核心技术的突破不是单一的技术性问题，而是关于在特定领域国家战略竞争能否占据领先位置的战略问题，决定了一国在科技竞争中能否获得主动权。“卡脖子”技术差距短期内难以缩短，只有依靠长周期、系统性的研发投入以及整个创新链与产业链的高度融合，才能有效突破“卡脖子”技术背后的技术差距问题。新型举国体制基于政府资源的统一调配，实现国家战略科技资源的高效配置，利用市场机制充分发挥中央企业以及大中小企业等融通创新主体的积极性、主动性，面向特定领域技术进行攻关突破，实现技术差距的短期缩小。

三是应对突发性公共社会危机的重大技术研发任务。重大公共社会危机事件具有较高不确定性、突发性、复杂性和联动性,破坏性巨大、影响范围广,依靠单一的政府力量与市场组织都难以解决。新型举国体制是在党中央集中统一领导下的治国理政体制机制,能够基于"全国一盘棋"实现对突发性重大公共社会危机科技治理过程中的资源调动,充分发挥制度优势、资源配置优势和社会治理优势,实现全国各类经济社会主体、各类组织单元协同联动,能够以敏捷动态的响应机制实现危机的防控与治理。

案例 3-1:"奋斗者"号载人潜器的研发

在我国"奋斗者"号研制过程中,科技部等部委面向国家深海重大战略需求,特别是紧密围绕实现深海进入、深海探测和深海开发的战略目标,发布实施《国家深海高技术发展专项规划(2009—2020 年)》,将深海潜水器谱系化、功能化作为重点任务,根据"总体设计、分步实施"的要求和"没有单位、只有岗位"的理念,按照工程化项目组织管理方式组织了以中船重工、宝钛等为代表的近 100 家单位和一批领军科学家队伍,开展了连续四个"五年计划"的持续攻关,构成了大协同、网络化的深海科技协同创新体系,形成了"国家项目牵引、优势力量联合、管理部门协调"的科研攻关模式。

"奋斗者"号载人潜器的关键研发节点包括:立足于实现集成创新,2002 年启动"蛟龙"号研制。为解决载人舱、浮力材料和推进器等核心部件受制于人的问题,2009 年启动"深海勇士"号研制工作,将目标从 7000 米回撤到 4500 米,着力实现自主创新,历时 8 年艰苦攻关,终于实现关键核心技术的突破。在"深海勇士"号基础上,瞄准突破万米深渊的目标,继续走独立自主创新道路,启动了"奋斗者"号研制,经过 5 年攻关,"奋斗者"号突破了耐压结构、钛合金、浮力材料、声学通信定位、智能控制、锂离子电池等一大批关键核心技术,总体国产化率超过 96.5%,使我国彻底具有了开展万米载人深潜的自主创新能力。

在具体落实新型举国体制和承接技术攻关任务时，“揭榜挂帅”“赛马”“点将配兵”等可成为可供选择的实施方式。在只知技术问题但不知技术人才和技术资源的情况下，可选用“揭榜挂帅”方式来解决目标明确、任务清晰、结果可测的具体技术攻关任务，特别是中小规模的应用型科技攻关项目。在只知技术问题、技术人才但不知技术资源的情况下，可选用“赛马”方式来解决特定情况下的应急攻关技术难题、破解“卡脖子”技术问题。在只知技术问题、技术资源但不知技术人才的情况下，可选用“点将配兵”方式解决涉及国家安全、国家战略、国计民生的重大技术问题。

2. 以企业为主导的自下而上的技术攻关：以华为军团技术突破模式为例

华为企业BG（Business Group，业务集团）过去拥有覆盖航空、公路、铁路、电力、油气等子行业的十几个行业业务部。后来，为解决子行业的特定问题，华为成立了以这些子行业为单位的“军团”。其规模小却具备“营、销、服”的完整能力，其意义在于将各部门的精兵强将汇集到一个组织，打破边界、拉通资源，形成纵向垂直能力，对重点行业进行突破，针对单一场景进行技术攻坚，从而做深做透，实现业务的高速增长。因此，在技术攻关问题上，华为实际形成了军团技术突破模式。

总体而言，该“军团”技术突破模式主要聚焦以下三个方面：(1)信息基础设施领域，如园区军团、数据中心底座军团等均是布局全国一体化大数据中心体系的需要；(2)具有数字化转型迫切需求和巨大潜力的行业，如煤矿军团主要聚焦矿井这一场景，打造煤矿专用5G网络、无人操作系统等；(3)有望取得快速突破的“卡脖子”技术领域，如显示新核军团在2021年12月上线了全自研高清电视芯片Hi373V110，形成了海思首款商用级别的RISC-V架构CPU（中央处理器）。

从组织架构看，“军团”技术突破模式旨在进一步打破现有组织边界，使组织具备更高的人才密集度、处理灵活性和技术含金量。为维持“军团”的技术突破效能，华为在战略、组织、人才、机制等各方面进行了个性化的设计与保障。在战略上，华为要求各"军团"要始终聚焦技术主航道，敏锐洞察技术突破的机会点，如在当下，华为各"军团"的核心使命是用5G更新选定行业的智能化。在组织上，华为对组成新"军团"的团队实行矩阵式管理并赋能授权，而"军团"与各平台形成事实上的甲乙方关系。在人才上，华为根据遴选精兵强将的原则，在足够多的各式人才中进行动态调配，而"军团长"则一直延续由重量级人士担任的惯例，以便更好地协调各平台资源。在机制上，华为在绩效管理、薪酬管理、人才发展等方面充分考虑军团化发展阶段的差异化，实行精准而有差异的激励举措。

案例3-2：华为电力数字化"军团"为菏泽电网提供分布式能源管控解决方案

当前，许多电力、电网公司都面临能源、零碳、数字化转型的系统性问题。过去，华为的能源业务部覆盖电力、油气等行业，针对电力行业主要是销售光网络、数据通信等硬件产品，但在电力行业数字化转型背景下，华为成立了电力数字化"军团"。该"军团"旨在面对电力子行业的新需求推出更细化的服务和产品，如为国家电网、南方电网解决数字化资产管理、运维及现场作业等问题。

在菏泽电网落地项目中，华为电力数字化"军团"为其提供了分布式能源管控的解决方案：通过华为技术，消纳能力提升67%，实现分布式电源可观、可测、可调、可控；通过负荷预测智能调节，源、荷、侧实现实时预测，秒级调节，有效避免了分布式光伏对电网台区过载的风险；开局时间缩短，效率提升近10倍；成本相比光纤专线建设下降超80%。

第四章　技术应用推广范式的变革规律

技术的价值在应用推广中得以最终实现。从这个意义上讲,我们的研究不应只关注技术如何被分类,而应更多侧重技术如何被转化的问题。进入21世纪,创新链无法脱离产业链而孤立存在,科技创新与产业创新协同联动、同向发力、深度融合成为必然。传统的熊彼特创新理论已无法完全描绘出应用推广范式的全貌,只有遵循围绕产业链部署创新链、围绕创新链布局产业链的进路,才可能深刻理解关于技术应用推广范式变革的规律。

一、影响技术应用推广范式变革的因素

不同产业在知识基础、参与行为者、市场结构、产业创新动力方面存在差异,其根本原因在于采用的技术应用推广范式不同。一般认为,技术发明、扩散、商业化是将新技术、新产品成功引入社会环境的三个重要支柱,而从技术和产品的双重属性理解,技术发明的底层逻辑在于技术知识,扩散的根本前提在于参与技术转化过程的主体,商业化的基本可能在于存在有利于产业创新和应用推广的生态环境。不同的技术知识、参与主体和生态环境组合将产生不同的技术创新来源和专有性条件,进而形成不同的技术应用推广范式表现。因此,从多维整合、动态分析的视角看,技术知识、

参与主体和生态环境正是影响技术应用推广范式变革的因素。

(一)技术知识领域影响产业边界

存在于产业的技术知识意味着某个产业以技术创新活动为基础,形成了匹配该产业用户和产品需求的特定技术知识领域。这样的技术知识领域直接影响着产业边界、市场结构。演化经济学认为,不同产业和技术在与创新有关的知识基础和学习过程中存在较大差异。[①] 实际上,外界识别产业大多依靠特定的技术知识,因为技术知识在产业、企业层面是高度异质的,如早期的制药业在技术知识方面与化工业较为接近,其技术应用推广范式主要依靠技术许可,到 20 世纪 40 年代引入随机性的自然筛选后出现了 R&D 技术活动(虽然行业自身在随后的二三十年里并没出现突破性的技术成果,仍以从化学行业获取化合物为主,但此后出现了高速增长阶段),逐步建立了基于分子基因(专业化技术)和 DNA 技术(通用性技术)的新范式。从技术应用推广范式切入,产业边界和市场结构之所以被重新定义,是因为技术可获取性、知识积累性、技术转化可能性等三个技术应用推广范式的关键观测维度所带来的变化。

就技术可获取性而言,它表明了产业获取内外部技术知识的机会。在产业发展趋向成熟时,技术知识的变化往往会遵循严格定义的技术轨道,此时的获取条件或进入渠道等在企业竞争过程中将变得越来越重要。受技术应用推广范式约束的技术可获取性越强,产业呈现的专有性和集中度就越低。这是因为技术可获取性强,某一产业所在的企业就极有可能较为容易地掌握关于新技术、新产品、新流程的诀窍或知识。当然,可获取的技术知识与外部科技水平和来源密切相关,可以是重大科学突破带来的改进,也可以是新仪器设备所支撑的技术升级,如大学或科研机构会通过产

---

① 詹·法格贝格. 牛津创新手册[M]. 柳卸林,等译. 上海:东方出版中心,2021:474.

学研协同创新等方式影响企业的技术知识改造。

就知识积累性而言，新技术知识往往建立在既有的知识基础上，其创造程度在某种意义上取决于知识的积累程度。哪怕学习过程或过去的技术知识限制了当前的技术迭代和成果转化，但也确确实实产生了新的技术问题，为积累新的技术知识提供了可能。企业借助先期积累的技术知识构筑了先发优势甚至垄断优势，在此基础上再开发新的技术知识、转化新的技术成果，则可形成持续性或渐进式的技术应用推广。一方面，技术知识积累来自于企业的特定组织行为，因为技术知识生产及转化具有高度路径依赖性，企业的组织能力与自身组织学习何种技术知识、积累哪种技术成果成正向关系。另一方面，技术知识积累来自于市场的反馈，因为技术应用推广成功意味着企业能够产生再投入 R&D 技术活动的利润，据此可以开始新一轮的技术开发、成果转化过程。技术知识的积累并非“只进不出”，当积累达到相应阈值后便会形成技术知识的溢出现象，进而突破隐性的技术创新专有性。

就技术转化可能性而言，技术成果与产业需求的关联情况是评判产业系统变革情况的关键要素。产业边界随着技术供需变化而变化，这样的供需匹配度可以融入企业的战略实施、产品革新方向、生产网络、同行竞争等方方面面，是企业技术知识转化能力和产业竞争水平的重要体现。在具体的关联形态上，可以表现为“输入—输出”的静态关联，如在产品生产标准化和模块化后，技术供给与产业需求的匹配就走向了简单的对应关系；也可以表现为良性循环和正向反馈的动态关联，如在机床行业的技术创新转化过程中，除了解析较纯粹的机械知识外，还需要对隐性的机械技术进行更多的探究、开展更多正式的 R&D 活动。

(二)不同参与主体的竞合加速技术应用推广范式迭代

关于技术应用推广范式，产业经济学界更为关注不同产业在 R&D 强度、市场结构、专利保护效果等方面的差异,但第四次工业革命的到来进一步加剧了创新主体的竞合,深刻影响着产业系统的构成和创新链条的延展。政府、大学、企业、科研机构等主体的异质性和协同性并存,如美国学者亨利·埃茨科威兹(Henry Etzkowitz)和荷兰学者罗伊特·雷德斯多夫(Loet Leydesdorff)在1995年首次将"三螺旋"概念应用到社会学领域,并在原有理念的基础上提出了著名的官、产、学三螺旋创新理论,认为大学、企业与政府作为创新主体能形成多种互动关系,可能是大学与企业、大学与政府两者间的互动,也可能是三个主体交叉重叠形成网络关系;这些主体在创新活动中不但保持着自己的独立身份与原有的作用,还在与其他主体进行互动合作时相互交叉影响,形成了三种力量互相交织、螺旋上升的三重螺旋新关系。[①]

从不同参与主体的异质性看,政府、大学、企业等主体在新科技产生、转化等任务中承担着不同的角色,特别是在技术应用推广范式转型进程中发挥着不同的作用。开展技术创新和组织创新是不同参与主体保持异质性的根源之一。科技发展正在进入一个新的时期,一些新的需求变量和交互特征的出现让科技创新系统中的各种不同角色都面临适应和重塑的过程。政府作为重大科技创新组织者,需要抓好系统布局、系统组织、跨界集成,把政府、市场、社会等各方面力量拧成一股绳,特别是让市场在资源配置中起决定性作用,推动有效市场和有为政府更好地结合,通过市场需求引导技术转移、资源转化有效配置。大学是基础研究的主力军和科技成果的主要拥有者,也是应用技术创新的源泉。据统计,美国大学科技成果转化率高达80%,而在我国60%以上的国家实验室和国家重点实验室设在大学,近80%的国家自然科学基金项目和60%的"973"计划项目由大学承担,70%左右的国家自然科学奖和技术发明奖由大学主持完成。企业的异

① 樊小杰.高校地方研究院发展路径分析:基于三螺旋理论视角下的现实困境与治理[J].中国高校科技,2022(3):68-72.

质性受到知识基础、科学经验、学习过程等要素的影响，直接肩负产业基础能力和产业链现代化水平提升的重任，其在市场需求、集成创新、组织平台等各方面独具优势，尤其在产业共性关键技术研发、科技成果转化及科技资源共享服务等领域的功能无可替代。

从不同参与主体的协同性看，产学研用创新链条贯通是大势所趋。产学研协同创新能够快速凝聚产业、高校和科研机构等各类创新资源，推动从知识生产到知识商业化的各环节相互耦合，有效解决科技与经济发展"两张皮"的问题。这是一种集结优势、共担成本与风险的创新生产方式，可以有效整合学术界与产业界资源。在产学研协同创新过程中，知识协同存在知识供需关系，双方投入的知识协同成本(知识贡献成本、知识溢出风险、知识加工成本)过高会抑制创新主体的协同意愿，不利于系统帕累托改进。此外，资金收益与学术收益的增加会提高双方的协同积极性，而收益与协同积极性呈负相关；合理的知识协同成本投入与知识协同收益分配、完善的知识资源共享机制、有效的知识协同激励与惩罚机制以及健全的法律措施是产学研协同创新稳定运行的关键。[①] 据统计，我国约 90%的重大技术创新项目都采用产学研协同创新模式。这类协同可以通过市场和非市场、正式和非正式的方式发生联系，如在化工产业中，化学科技的不断进步加剧了技术知识的独立性，增强了化学科技的可转化性，特别是高额的 R&D 费用、技术领先的累积效应、出众的商业化能力赋予大型化工企业明显的技术优势和商业优势，但随着合成染料模型等的扩散，大学开始参与其中并发挥重要作用(大学和产业间的关联度增强)，特别是聚合化工业的引入更是影响了化工产业结构，让不同细分市场的技术知识更为重要，企业、大学有更多机会联手参与化工下游市场的开发。

---

① 石琳娜，陈劲. 基于知识协同的产学研协同创新稳定性研究[J]. 科学学与科学技术管理，2023(9)：67-81.

(三)优质生态环境助力产业多样性创造进程

在产业的动态发展和系统变革中,存在着制度、技术创新网络、产业平台等多要素相互耦合的演化过程,即技术应用推广范式伴随着产业变革,是产业系统中各要素共生演化、相互作用的结果,这种演化过程渗透于行为主体的异质性特征形成和成果转化的多样性创造过程。在过去的几十年中,计算机产业就经历了这样的过程。大型计算机领域的共生演进特点是:要求产生具有"用户—生产者"关系的大型系统,用户信息系统处于中心地位,同时要求大量的销售和服务投入;其市场结构是高度集中化的,而供应商是垂直整合的;市场领导者(如 IBM)主导了整个产业,它在平台上扮演着合作角色,同时引导了技术变化的方向;不同产业系统间的关系和网络的类型与结构有很大差异,这是知识基础特性、学习过程、基本技术、需求特性、关系性关联、动态互补性等共同作用的结果。[①]

制度、技术创新网络等多要素演化到一定程度会趋于稳定,形成较为优质且匹配产业创新发展的生态环境。一方面,专利等知识产权制度和反竞争法等规则对不同产业的技术应用推广范式会产生不同的影响,这种影响往往不是单向的,有时会由产业应用推广侧反作用于制度修改本身,如对于软件产业而言,标准化的环境相当重要,而当源代码公开成为一种标准操作后,就需要在一个细分软件业上研发新的技术分配方法,减少对数据结构的专有化控制,引入更多的协同创新和竞争研发,从而建立在自愿合作基础上的新技术推广模式。另一方面,创新网络与市场结构、产业垂直整合能力等相联系,存在于不同技术转化和产品交换之中,较技术信息交换、技术竞争的指向更广,如跨越多个领域的新产业技术集群成为产业创新动态变革的新方向,包括互联网—软件—电信、生物技术—制药业等,

① 詹·法格博贝.牛津创新手册[M].柳卸林,等译.上海:东方出版中心,2021:484-485.

对原有分散、独立的技术应用推广知识进行整合成为主流趋势。简言之，要促成技术应用推广范式迭代，特别是形成技术成果的扩散之势，单靠技术知识创造还不够，需要科学政策、知识产权保护制度、技术创新网络等共同发力，尤其是对产业创新动力产生整合性影响。

不可否认的是，技术应用推广范式或产业创新模式成型后，往往表现出一定的排他性，无法接纳新要素的融入。当制度、技术创新网络等多要素演化到稳定的阶段，技术应用推广范式或产业创新模式会形成不可逆转的路径依赖，这可能会导致产业发展被锁定到较差的技术类型中，如制度或政策无法回应不同创新主体在技术转移转化过程中的异质性，特别是减损了大学与企业之间的技术关联度时，可能出现关乎技术供给质量或产业需求传导的系统性失灵问题。

二、技术应用推广范式转型推动创新跨越

在科技与经济深度融合的进程中，科技创新越来越具有实用性和改造力，新科学发现、新技术发明、新产业变革正引发全球范围的创新潮流。围绕“技术价值实现”这一旨趣，技术应用推广演变为各相关方关于技术创新价值的交易，更多的知识、技术、成果转化为现实生产力甚至是新质生产力，如生物技术催生绿色经济增长点、智能制造范式重塑现代制造业面貌。技术应用推广范式转型进一步打破了科技创新与产业创新的传统分野，让“价值发现—价值转换—价值提升—价值实现”的发展逻辑越发清晰，各市场主体、各类要素、各种环境加速互动；技术应用推广活动不断突破地域、组织、技术的界限，使得创新链条贯通、创新资源集聚、创新场景驱动等呈现出新动向。

（一）跨越创新链条：新式产学研合作成为技术应用推广的新常态

不同于以往，第四次工业革命的影响之一就是技术应用推广无法脱离

基础研究和技术攻关环节而独自存在,创新链条不断向前后端、上下游延展,且彼此之间的界限越发模糊,往往是一个创新主体同时做着基础研究、技术攻关、技术应用推广的工作,或是几个创新主体协同开展技术应用推广,如高水平研究型大学是科技第一生产力、创新第一动力、人才第一资源的天然结合点,既联系着产业需求侧,又连接着科技供给侧,完全可以凭借多学科交叉融合、跨领域技术攻关、高层次人才引领的综合条件,破除从实验室到工厂车间的障碍,联合科技领军企业在产学研合作上先行先试、走在前列。

技术应用推广范式转型可以进一步促成技术等要素在创新链条上自由穿梭,带来了新式产学研合作形式。这种形式在技术应用推广阶段主要体现在以下几个方面。

(1)应用领域更多围绕颠覆性技术和前沿技术。注重以科技创新推动产业创新、以未来技术生成未来产业,在技术层面重视通用技术,在产业层面重视巩固战略性新兴产业、改造提升传统产业,其基本逻辑是以科技创新引领现代化产业体系建设,用颠覆性技术和前沿技术发展新质生产力,催生新产业、新模式、新动能,如我国2023年中央经济工作会议明确提出,广泛应用数智技术、绿色技术,加快传统产业转型升级,打造生物制造、商业航天、低空经济等若干战略性新兴产业,开辟量子、生命科学等未来产业新赛道。

(2)牵头主体呈现多元协同的态势。企业不是技术应用推广的唯一主体,也不是深度产学研合作的唯一主导方。政府、高校、科研院所、新型研发机构、产业创新共同体、概念验证中心、产业技术创新联盟会等各类创新主体都可成为产学研合作的组织者、推动方,特别是围绕产业创新吸引国内外资金、技术、人才资源,推动基础研究、应用研究与产业化融通创新,如高校可以着眼未来产业重点发展方向,以国家大学科技园为基础,以完善科技创新体制机制为重点,积极探索“学科+产业”的创新模式,加快突破一批关键核心技术，孵化一批具有未来产业特征的高成长性科技型中小企业。

(3)新创新要素不断被引入技术应用推广阶段。知识、经验、技术等传统创新要素随着产学研合作流向新的创新主体、新的应用场景，技术创新能力也随之发生转移。在此基础上，基于数字技术的产业创新持续将数据资源等新生产要素、智能网络等新基础设施吸引到新的生产力与生产关系之中，通过线上平台配置技术资源，实现多主体联动，促成技术转化跨界合作，如广东省在2023年印发《"数字湾区"建设三年行动方案》，提出加快粤东粤西粤北"数字融湾"，充分发挥数字政府"大平台、大数据、大服务、大治理、大协同"能力，推动粤港澳数据、人才、物流、资金畅通流动"要素通"，数字化新型基础设施"基座通"，市场主体投资兴业"商事通"，数字产业集聚发展"产业通"，社会数字化治理高效协同"治理通"，公共服务融合便利"生活通"，使数字化成为推动粤港澳大湾区经济社会高质量发展的新引擎。

总之，技术应用推广范式的转型可以带来创新链条的跨越，特别是取代传统的线性创新，通过新式产学研合作在技术转移转化阶段引入新的创新要素、技术主体及组织模式，增加产业转型的技术供给，生成有利于产业创新的新技术推广方式。

(二)跨越地域空间：要素跨境流动成为技术应用推广的新趋势

放眼世界，主要发达国家、区域已形成在全球范围内加快技术应用推广的共识，竞相布局先进制造、新材料、现代能源绿色环保等能够引领未来的重大前沿技术方向和产业发展领域，倾尽资源优先发展新一代信息技术、人工智能、生物技术、医药产业、高端装备等，甚至不惜通过技术转移打压遏制别国发展，如美国通过《无尽前沿法案》加大了未来五年内在半导体、量子计算、先进通信等十大关键领域的先进研究和资源投入，欧盟通过《欧洲芯片法案》拟将芯片产能从当下的占全球10%提升到

2030 年的 20%。

简言之，在技术应用推广范式转型的影响下，技术转移转化具备了链接全球创新要素和技术资源的重要功能，跨国研发、离岸孵化、跨国技术转移、跨境技术投资都可以成为面向全球链接高端人才、前沿技术、优质项目的有效形式，如我国商务部、科技部在 2023 年发布《关于进一步鼓励外商投资设立研发中心的若干措施》，明确支持外资研发中心参与各地搭建的成果转化对接和创新创业平台，与职业学校开展技术协作，设立实训基地，共建联合实验室等技术技能创新平台。

当技术应用推广范式不断迭代，技术转移转化已不限于一城一域。技术、资本、数据、信息等要素往往会随着人才工作调动、组织战略变动发生全球范围内的流动。在全球技术应用推广网络中，大至国家、区域，中至城市群、高新园区，小至企业、个人，都有可能成为其中的关键节点，美国硅谷、英国剑桥等区域正是通过工业园、科技园等形式，迅速集聚先进的研发中心和科技领军企业，抢先发展了生物医药、微电子等前沿科技和产业，孕育了多个创新型城市和科创中心，从而率先实现了区域崛起。为此，技术应用推广能力与全球范围内吸附、整合创新要素的能力正相关，如大型跨国公司凭借成熟的全球技术供应体系，形成了较强的全球配置技术要素的能力。

在这样的背景下，区域、国家、全球的技术应用推广网络和技术转移转化体系必然要走向联通。就国内而言，需要完善国家技术转移区域中心布局，引导高校院所、科技企业设立技术转移部门，支持技术转移机构建立行业协会或联盟，鼓励各地方重点培育一批市场化专业化技术转移机构，甚至开展专业化国家技术转移机构试点，如在我国，可以围绕国家区域战略，构建黄河流域、海南自贸港、粤港澳大湾区等国家技术转移区域中心，深入推进国家科技成果转移转化示范区建设，强化国家技术转移机构和国际技术转移中心考核评价。就国际而言，需要健全国际技术转移与创新合作网络，大力扩大技术出口，发展技术贸易，促进技术进口来源多元化，鼓励企业在全球建设各类研发中心和创新中心，支持各国技术转移机构加强与国外技术转移、知识产权、市场咨询等服务机构深入合作，如在我国，可以完善国际技术转移协作网络，在北京、上海、粤港澳大湾区建设全球技术交易枢纽，支持行业领军企业牵头组建国际性产业与标准组织，促进双向技术转移与创业孵化。

(三)跨越物理场景：线上线下结合成为技术应用推广的新形式[①]

数字化浪潮下的技术应用推广范式转型摆脱了物理空间的限制，助推技术应用市场朝着线上线下相结合、有形无形相融合的方向发展，特别是技术跨界应用不断促进模式创新、业态更迭，以数字技术为代表的新技术与巨大市场、海量数据融合，持续支撑数字经济、平台经济、共享经济创新性发展，如得益于线上线下相结合的技术应用推广形式，我国在移动支付、智慧出行等领域的技术转化能力已居全球领先地位，共享经济从交通出行、商旅住宿向生产制造、知识共享等方面拓展。

技术应用推广范式在物理空间的跨越涉及多方面影响。就场景改造而言，政务、医疗、教育等传统领域可借由数字技术以线上线下相结合的形式实现应用推广，进而在智慧政务、智慧医疗、智慧教育等方面培育一批创新型企业和场景解决方案。另外，无人驾驶、无人仓储物流、5G 网络、智能工厂等技术亦遵循先进技术与实体经济融合发展的规律，可以展现强大的创新场景供给能力。就服务形式而言，技术应用推广借助于互联网、大数据等新技术手段，建成了大量线上线下相结合的技术转移服务平台，催生了研发众包、在线技术检测、实验室托管等方式。

因此，在新技术落到新场景并育成新生态上，线上线下相结合方式成

---

① 吴朝晖. 加快创新型省份建设，增强高质量发展功能——浙江政协·崇学讲坛第十九讲报告[R]. 杭州：浙江大学，2020-06-08.

为重要路径，如许多国家正在推动大中小型企业、上中下游企业、高中低端企业协同发展，催生跨界技术突破，重点是发展网络化、数字化、智能化、平台化新业态。其中的逻辑是以数据驱动实现企业线上线下集聚，加强未来产业发展场景供给，探索以场景为代表的新兴产业育成模式。这种以线上线下相结合驱动的产业跨界协同创新体系打破了空间阻隔和时间限制，让无边界创新和全天候创新成为可能，如更多科技成果借由数字虚拟与实体制造融合的形式完成产业化——通过人机协作、机器与机器衔接，具体的生产、物流、供货在线上完成统筹支配，并与线下物理空间形成闭环过程。

三、技术应用推广范式的迭代方向

在第四次工业革命持续演进的背景下，科技成果转化日益成为产业经济发展的刚需，技术应用推广范式向科技成果产品化、技术权益资本化、转移模式多样化、服务能力专业化的方向继续迭代进阶，如习近平总书记在2018年两院院士大会上强调，要“促进创新链和产业链精准对接，加快科研成果从样品到产品再到商品的转化，把科技成果充分应用到现代化事业中去”。[①]

（一）科技成果产品化

技术成果的创造性应用推广，往往会对已有的技术、现存的产品产生替代效果，甚至引发新兴产业的快速崛起和传统产业的迅速萎靡，如数码相机技术和产业完全颠覆了传统的胶片影像技术和产业。对于技术应用推广范式的重要性，各国经历了从无意识到有意识、从无序到有组织的过程，如美国在20世纪80年代意识到高校成果转化率不高导致国家创新研

① 习近平．在中国科学院第十九次院士大会、中国工程院第十四次院士大会上的讲话[N]．人民日报，2018-05-29(2)．

发体系效率低下的问题，以《拜杜法案》形式推动政府资助的科研项目产生的专利权由政府拥有转向允许非政府以外的主体享有，从而让高校的技术转让活动逐渐活跃起来，形成了以科技成果服务社会经济发展的局面。

技术攻关的主要目的应是研制出解决生产、生活中实际难题的产品，但长期以来，由于技术应用推广的主体不明确、动力不强劲特别是企业参与科技成果转化全过程不充分，导致科技成果有效供给和有效需求不匹配、转化效果不理想，如《2022年中国专利调查报告》显示我国有效发明专利产业化率为36.7％，其中企业为48.1％，高校仅为3.9％。要改变这一情形，就要遵循技术价值实现的规律，主动适应科技成果产品化的趋势，在及时发现科技成果的价值中促进成果样品化，在积极挖掘市场的需求中推动样品产品化，在推进市场的开辟中完成产品商品化。

当然，在实际操作过程中，要促成科技成果产品化，除了创新主体要在资源、材料、外观、性能、成本、成品率等方面下功夫外，外部产业化的环境同样重要。政府可以新建一批中试转化平台（基地），面向社会提供技术优化、成果熟化、二次开发、小批量生产、性能测试等服务，突出首台套、首批次、首版次应用，支持企业新技术新产品验证、迭代和示范推广，如政府可从挖掘新技术价值的角度，支持企业探索建立概念验证中心、弹射中心等新型组织，联合或鼓励社会资本资助具有市场化潜力的技术成果进行产业化尝试。

（二）技术权益资本化

技术要素与其他各项要素的融合发展，有利于增强多元要素协同配置效应，进一步促进技术要素市场提升质量，特别是数据作为新型生产要素，将赋能技术要素市场重构组织模式，催生技术要素市场新业态新模式，如数字科技迅速发展促成了信息经济、知识经济、数字经济的产生。在要素融合进程中，技术权益资本化成为关键主线之一。事实证明，资本促进科技成果转化的作用日益凸显，畅通的融资渠道和良好的金融环境有利于加速科技、金融、产业间的良性循环。

从文本语义和实质要义角度分析，技术权益资本化并非简单的资本参与技术价值实现的过程，而是涉及科技成果权利确认、权利使用、价值评估、资本参与、交易变现等环节，至少包括技术价值转化为主体权益和主体权益转化为发展资本两层内容。

对于前者，意味着要从调动技术应用推广过程中各方主体的积极性角度出发，完善科技成果和技术价值发现渠道，以权益激励形式健全有利于技术要素自由流动的产权制度，优化科技成果权益分享机制，形成充分体现知识价值导向的职务科技成果转化收益分配机制。在实操层面，国家至少可以做以下几方面的工作：一是深化科技成果使用权、处置权和收益权改革，如深入推进赋予科研人员职务科技成果所有权或长期使用权试点，探索赋权科技成果转化的管理制度、工作流程、决策机制、转化模式，建立职务科技成果赋权和转化容错纠错机制，明确转化职务科技成果各方的权利和义务，及时凝练典型经验举措并推广。二是扩大高校院所科技成果管理自主权，如加快建立现代科研院所管理制度，推进应用技术研发类科研院所市场化、企业化发展，推动高校院所科技成果管理从“行政控制资产”向“市场配置资源”的转变。三是强化知识产权保护和运用，如建立知识产权侵权快速反应机制和领域类知识产权保护规则，编制发布企业知识产权保护指南和知识产权保护国别指南，在立项和组织实施工作中强化重点项目科技成果的知识产权布局和质量管理。

对于后者，意味着需要根据应用研究、技术开发和产业化等不同成果类型，细化分类评价标准，全面评价各类科技成果的科学、技术、经济、社会、文化五元价值，形成符合科学规律的多元化分类评价机制，适时引入资本元素，形成高标准技术交易市场。具体可包括：一是建立全国互联互通的技术交易网络，在全国范围内开展科技成果转让、许可等运营服务，如升级国家科技成果转化引导基金，支持中国技术交易所、上海技术交易所、深圳证券交易所建设国家知识产权和科技成果产权交易机构。二是建立技术交易市场社会信用体系和服务机构信用评价体系，完善技术交易市场管理制度，如制定技术交易数据标准，修订技术合同认定规则及科技成果登记管理办法，加强技术合同认定登记管理。三是引入关注技术应用早期和推广价值的资本，健全科技信贷、科技保险等风险补偿机制，如以专利技术前景、研发水平、商业模式等为关注重点，丰富支持技术应用推广的金融产品。

（三）转移模式多样化

应用推广技术模式代表了高校、企业、科研院所、新型研发机构等各类创新主体的技术价值实现意图，各国或组织往往通过立法形式明确相关实现方式。例如，美国自 20 世纪 80 年代以来，以一系列技术转移法案明确了每个从事科学与工程研究的联邦实验室推进技术转移的义务，通过放权支持大学、联邦实验室等进行科技成果商业化。在我国，《中华人民共和国促进科技成果转化法》在第 16 条规定了 6 种科技成果转化的方式，分别为自行投资实施转化、向他人转让该科技成果、许可他人使用该科技成果、以该科技成果作为合作条件与他人共同实施转化、以该科技成果作价投资再折算股份或者出资比例、其他协商确定的方式。

在创新网络化、协同化的发展浪潮中，参与科技成果转移的主体范围不断扩大，模式越发多样，出现了以技术入股、技术创业、技术并购、产品众筹等为代表的实现技术价值交易的形式，具体有技术中试模式（以市场为导向的技术熟化，变成可以为企业或生产部门接受的生产性商品技术）、国际技术集成应用推广模式（将技术分解成若干个任务包，由牵头公司联合国内外知名的研究开发机构协作开发，或者通过购买或委托开发的方式，从国外引进小试技术）、连续技术应用推广模式（以科技人员为主体新建企业,再被并购或成功申请 IPO,接着又开启新一轮研发转化的过程)等。

应对转移模式多样化的发展趋势,可以根据不同创新主体的特性分类施策,甚至可以建设多元主体融通的新枢纽平台。对于企业,可以探索产业创新共同体模式,支持龙头企业通过供应链关联协作,吸引上下游配套企业和社会化资源协同开展产品共创,特别是引导行业内科研机构、龙头企业、中介组织等开展协同创新,以新技术、新场景驱动更多新产品新服务涌现,如推广"企业家+投资人+行业大佬+政府"的技术联合转移模式。对于高校,可以持续推动高校 OTL 办公室模式,以技术成果专利运营、成果转化投资等带动社会机构、社会资本参与技术成果转化,如完善"技术跟着人走"的技术应用推广机制,以"星期天工程师""院士专家企业行"等技术服务释放科研人员的技术转化潜力。对于新型研发机构,可以以研发和成果转化能力提升为中心强化创业型科学家、技术成果转化型研发人才汇聚,将投资、孵化功能转包给市场化、专业化机构承担,如支持科技型企业与高校院所合作建立产学研用深度融合的技术创新中心、产业创新中心、产业技术研究院、中试基地等高水平新型研发机构,创新新型研发机构市场化运行机制。

(四)服务能力专业化

随着社会分工日渐复杂,技术推广工作的专业性越来越强,科技成果转移转化的成效越发取决于创新主体的服务支撑能力。技术应用推广的服务行业逐渐成熟,检验检测、知识产权等细分领域的服务渐成规模,聚焦垂直产业的专业化服务机构不断涌现,新型研发机构、专业化众创空间成为服务产业共性技术研发、促进技术成果转化的重要力量,如科技服务机构提供的技术应用推广服务呈现业态耦合、集成发展的特征,更多的科技服务机构将平台化作为重要发展方向,打造"云端+线下"的服务方式。

科技成果转移转化的专业服务主要包括供需对接、技术咨询、技术评估、知识产权运营等，涉及政策法规咨询、前沿技术研判、科技成果评价、市场调研分析、法律协议谈判等全链条一体化服务，需要在机构建设、人才培育、服务提升等方面持续发力。

在机构建设上，需要推进专业化国家技术转移机构建设，引导众创空间、投资机构、知识产权服务机构、大学科技园等孵化载体专业化发展，提高创新资源整合能力、拓展技术转移功能，如鼓励各地重点培育一批市场化、专业化的技术转移机构，支持科技服务机构与服务需求方构建“共同投入、共担风险、共享利益”的技术应用推广合作机制。

在人才培育上，需要健全技术转移人才培养机制，提升技术转移专业学历教育，开展技术经理人社会化培训，壮大技术经纪人等队伍，鼓励优秀技术转移人才出国交流，完善技术转移转化类职称评价标准，如推动技术经理人纳入国家职业分类大典，支持优化技术转移人员职称评审工作，建立技术经理人信用评价机制等。

在服务提升上，需要推动由供需对接到成果熟化、资源聚合升级转型，强化技术经纪、技术集成与经验、技术投融资等服务，建立覆盖产权界定、价值评估、流转交易、担保、诚信监督的综合服务体系，如鼓励各技术交易机构联合资产评估、法律、拍卖、招标、咨询、投资等各类专业服务机构，支持各类科技成果特别是财政资金资助形成的科技成果进场交易。

因此，技术应用推广范式的变革并非无迹可寻，其发展必然遵循“技术价值实现”这一旨趣，往“围绕产业链部署创新链、围绕创新链布局产业链”的进路转型。从影响因素看，技术知识领域在技术可获取性、知识积累性、技术转化可能性等维度上深刻影响着产业边界和市场结构；不同参与主体在竞争合作中演绎着异质性和协同性，加速了技术应用推广范式迭代；制度、技术创新网络、产业平台等多要素相互耦合，形成了优质生态环境，使产业多样性创造成为可能。从创新跨越看，技术应用推广范式进一步打破了科技创新与产业创新的传统分野，形成了更为清晰的“价值发现—价值转换—价值提升—价值实现”逻辑，让新式产学研合作成为技术应用推广的新常态、要素跨境流动成为技术应用推广的新趋势、线上线下相结合的创新成为技术应用推广的新形式。从迭代方向看，创新链与产业链的对接更加精准，科技成果从样品到产品再到商品的转化速度更为迅捷，技术应用推广范式向科技成果产品化、技术权益资本化、转移模式多样化、服务能力专业化的方向继续迭代进阶。

第五章 创新范式转型的主要趋势

科学研究是一项集体的认知活动，科学进步的发生依赖历史的累积与科学家们的合作，而科学取得重大突破则蕴含着打破常规的变革与创新，创新是人类持续探寻解决问题的新方法并将其付诸行动的内在驱动力。因此，创新范式的转型往往发生在科学范式的改变阶段，其最显著的特征是创新共同体和科研与应用模式的重组。从在好奇心的驱动下追求真理的个体科学家到以企业为主体的自主创新，再到区域和国家层面，创新共同体逐渐扩张，走向有组织的交叉与合作。在第四次工业革命的推动下，智能机器开启了从人人协作到人机协同的新局面。与此同时，产学研、科技与社会打通了原本的壁垒，走向科学研究范式、技术攻关范式、应用推广范式的全链条融合。

一、创新共同体的扩张

科研活动长期由科学家主导，具有独立的科研团队和研究范式。随着科研活动场域和主体不断扩大，在建制化过程中形成的科学共同体逐渐由学术型科学共同体（追求知识增长和满足好奇心）、职业科研科学共同体

（为经济增长提供有用知识），发展为科技创新共同体（为更好社会福祉）。[①] 以计算机领域为例，一些开源社区的出现体现了科学创新共同体的开放性、透明性、共享性。例如：Linux 社区是一个开放源代码的操作系统，由全球的开发者共同贡献和维护；Apache 软件基金会提供多个开源项目，包括 Apache HTTP 服务器和 Hadoop 分布式存储系统。科技创新共同体建设最终演变成跨越整个社会层面的协同创新活动，科学研究工作者、技术开发者和社会公众等多元主体纷纷参与到创新过程中。

（一）创新共同体扩展的内在驱动力

在传统的科学研究活动中，科学家个体作为知识的创造者，扮演着独特而重要的角色，通过对感兴趣的问题进行深入研究和探索推动科学的前沿发展。创新共同体的起点通常是由一些个人科学家或研究人员组成的小团体，他们可能在某个领域有独到的见解或研究成果，并开始寻求遵循相同科研范式的合作伙伴来进一步开展研究工作。在科技与经济的广泛结合后，孤立的个体创新已经逐渐演变为合作性的知识共享和团队协作。推动创新共同体扩展的内在驱动力主要有两个方面。

一是科学家之间交流和协作的需要。通过共享经验、资源，并在不同个体和团队的思想碰撞与交流中加速知识的创造和传播，这不仅是一种趋势，更是实现创新的关键。大规模、多学科、跨领域的科研合作已逐渐成为主流的科技创新范式，如欧洲核子研究组织（CERN）的大型强子对撞机（LHC）项目吸引了来自世界各地的科学家，共同研究基本粒子物理学；生物多样性研究者通过生物多样性监测网络（BioNET）共享数据和技术，以更好地理解和保护地球的生物多样性等。

二是企业竞争性的创新研发活动需要。作为创新的引擎，企业在创新

① 张寒，李正风，高璐.超越科学共同体：科技创新共同体的形成何以可能[J].自然辩证法研究，2022，38(8)：48-53.

共同体中发挥着关键作用。企业内部研发活动开始的标志是19世纪末工业实验室的出现。工业实验室是企业成为科学、经济和社会结合点的基础,也是企业科研走向集体化、合作化的开始。它开辟了科技、经济协同发展的、有明确建制形式和规制基础的新时代。然而,企业的技术创新不仅仅关乎产品和服务的改进,还包括商业模式的变化、管理方式的创新以及社会责任的履行。如今,科技的快速发展催生了新兴行业和技术领域,如人工智能、大数据、云计算等,且消费者对产品和服务的需求日益个性化和多样化,他们更关注产品的质量、功能、用户体验以及社会和环境影响。为在市场竞争中脱颖而出,企业需要不断促进产品的更新与迭代,满足市场需求,并且需要通过开放创新和外部合作来获取更多的创新资源与知识。

创新共同体将科学家和企业纳入一个更为广阔的协作框架,促使他们与同行、其他企业及社会各界紧密合作,共同应对日益复杂的多元挑战,从而推动可持续发展的实现。这是技术、市场、企业运行平台发生转换,规制创新、观念创新等多种因素综合作用的必然结果。例如,2021年上海交通大学医学院附属瑞金医院与知名游戏公司“米哈游”正式签约,双方结合各自在医学临床研究和信息技术领域的优势进行深度战略合作,围绕脑机接口技术的开发与临床应用等研究课题共建“瑞金医院脑病中心—米哈游联合实验室”,共同打造科技攻关、人才引进和人才培养的平台。

(二)创新共同体在区域层面的延伸

自产业革命以来,科学技术的持续进步已然成为推动社会经济繁荣的核心引擎和关键因素。在这个背景下,如何更有效地协调科技发展与社会产出成为当前时代的核心主题。在这个不断扩大的创新范畴中,技术维度、创新的组织方式及其所带来的经济和社会效应都变得至关重要。这些方面的表现直接取决于技术的独特特征,并且必须与技术自身的演进相适应。因此,我们必须认识到创新不仅仅是技术发展的推动力,还是一个涉及多个层面的复杂过程。在这个过程中，不仅需要关注技术的自身特性，还需要关注创新的组织和运作方式及其对经济和社会的深远影响。

熊彼特在《经济发展理论》中就将创新界定为“生产要素的重新组合”，即在生产体系中引进关于生产要素和生产条件的新组合。这种“新组合”涵盖了从技术到市场、从制度到组织的一系列关涉生产发生变化的因素，它可以存在于各种生产要素之间，也可以拓展到科学、技术、经济和社会的广阔层面。关于企业技术创新的研究从企业走向产业，其实质是从企业内部技术创新研究走向企业间技术创新研究。这种理论研究的扩展是由企业自身科学研究活动的变化所决定的。创新共同体的视野并不仅限于个体科学家和企业层面，它还延伸到地区和国家层面，将创新视为全球性问题的解决方案。

区域创新系统（Regional innovation system/ Regional system of innovation）的概念最早是由英国学者菲利普·尼古拉斯·库克（Philip Nicholas Cooke）于1992年提出的，他在《区域创新系统：在全球化世界中的治理作用》一书中，对区域创新系统进行了明确的定义，认为区域创新系统主要是由在地理上相互分工与关联的生产企业、研究机构和高等教育机构等构成的区域性组织体系，且这种体系支持并产生创新。奥托（Autio）在研究中对区域创新系统形成了新的认识，他认为区域创新系统是“基本的社会系统，由相互作用的子系统组成……组织和子系统内部及相互之间的互动产生了推动区域创新系统演化的知识流”。[①] 而库克经过大量研究后又对其原定义做了进一步的说明，认为区域创新系统是指在一定的地理范围内，经常地、密切地与区域企业的创新投入相互作用的创新网络和制度的行政性支撑安排。例如，硅谷作为全球最著名的科技创新区之一，一直以来都是技术和创新的重要中心，汇聚了众多科技公司、初创企业、风险

---

① Autio E. Evaluation of RTD in Regional Systems of Innovation [J]. European Planning Studies, 1998, 6(2):131-140.

投资机构以及斯坦福大学等知名研究机构;以色列以其强大的创新生态系统而闻名,包括军事技术转化、高校研究、初创企业以及与全球合作的紧密网络,特拉维夫也因其创新而被誉为"创新之城";京津冀一体化是我国提出的一项区域协同发展战略,旨在将北京、天津和河北省打造成一个紧密协作的区域,促进产业升级和科技创新等。

在区域层次上,关于创新区域和环境的研究显示,在一定的条件下创新过程根植于区域,形成了区域创新共同体,包含的因素有:(1)区域之间在劳动力、教育、研究机构、知识外在化和溢出等前提条件的创新禀赋不同;(2)产业集群经常是地方性的,在区域里可形成网络和特定的创新模式;(3)在当地生产系统中,通过集体学习可能形成一种共同的技术文化,产生一种创新环境;(4)大学、产业联系和知识溢出经常促成区域高技术发展;(5)在创新过程中,区域政策正在起着更加积极的作用,并通过特定的制度和机构提供创新支持。

(三)国家创新系统与共同体的形成

当企业与大学的深刻联系自发地促成了地区性的经济发展,并形成一定的创新型区域之后,国家层面开始产生极大的兴趣,并试图引进和形成本国的国家创新共同体。英国经济学家克里斯托夫·弗里曼(Christopher Freeman)将国家创新共同体定义为"公私部门的机构组成的网络,它们的活动和相互作用促成、引进、修改和扩散了各种新技术"。[①] 他给予四个因素以特别的关注:政府政策的作用、企业及其研究与发展努力的作用、教育和培训的作用以及产业结构的作用。不仅如此,弗里曼特别强调在剧烈技术变革情况下,将技术创新与组织创新和社会创新结合起来的必要性。创新的成功和失败取决于国家调整其社会经济范式以适应技术经济范式的

① 克里斯托·弗里曼.技术政策与经济绩效:日本国家创新系统的经验[M].张宇轩,译.南京:东南大学出版社,2008:22-37.

要求的能力。国家创新共同体的实质是一国境内不同企业、大学、科研机构和政府机构之间围绕着科学技术发展及其商业应用所形成的一种相互作用的网络机制。

国家创新共同体的重要性在于：传统的有关技术进步的理论认为，开放的贸易系统使技术的国际性迅速扩散成为可能，这使后发国家的追赶成为可能。但不同国家对技术的投资政策是不相同的，从而造成了国际技术差距在某些国家之间的扩大。由此出发，帕里马尔·帕蒂尔（Parimal Patil）和基斯·帕维蒂（Keith Pavitt）认为国家创新共同体是“决定一个国家内技术学习的方向和速度的国家制度、激励结构和竞争力”。[①] 以本特-雅克·伦德瓦尔（Bengt-Åke Lundvall）为代表的一批学者则从微观上通过考察用户与厂商的相互作用来研究国家创新系统的各组成部分。“一个创新系统是由在新的、有经济价值的知识的生产、扩散和使用上互相作用的要素和关系所构成的”，[②]其中包括了在国家意义上的要素和关系。

国家创新系统的核心内容或者说关键目标是科学技术知识在一国内部的循环流转。从这个意义上说，所有有助于促进这种科学技术知识的循环流转的因素都可以划归到国家创新共同体之内。经济合作与发展组织（OECD）揭示了国家创新共同体的政策意义，在其发表的报告《国家创新系统》（National innovation systems）中指出：“创新是不同主体和机构间复杂的相互作用的结果。技术变革并不以一个完美的线性方式出现，而是系统内部各要素之间的相互作用和反馈的结果。这一系统的核心是企业，是企业组织生产和创新、获取外部知识的方式。外部知识的主要来源则是别的企业、公共或私有的研究机构、大学和中介组织。”

因此，企业、科研机构、高校和中介机构是创新共同体中的主体。研究

① Patil P, Pavitt K. The Nature and Economic Importance of National Innovation Systems[J]. STI review，1994(14)：9-32.

② Lundvall B A. National Systems of Innovation: Towards a Theory of Innovation and Interactive Learning[M]. London: Pinter Publishers, 1992.

国家创新系统的政策含义是纠正技术创新中的系统失效和市场失效，即纠正企业因目光短浅而对技术开发投入不足的问题。通过创新的产学研合作计划、网络计划以及建立创新中介机构等，纠正创新的系统失效。国家创新作为一个共同体可以加强整个创新系统相互作用和联系，包括加强企业与企业间的创新合作联系、企业与科研机构和高校的创新合作联系、中介机构在各创新主体间的重要桥梁作用、政府在创新中的产业发展战略与政策引导作用以及政府各部门在工作职能上的协调一致和集成等。

可以预见的是，未来创新范式转型有以下几种可能的趋势。

第一，数字化和信息技术多领域、全方位地扩展深化。大数据、人工智能、区块链等数字技术和信息技术在各行各业的广泛应用，将推动生产方式、服务模式和商业模式的创新。

第二，开放创新和合作模式逐渐占据主流。开放创新模式强调合作和共享，企业越来越倾向于与其他组织、初创企业、研究机构等建立合作关系，以共同推动创新。开源软件、共享经济等模式将得到广泛应用。

第三，创新周期不断缩短，创新主体与客体的界限不断被打破，以用户为中心的设计思维逐渐在创新过程中占据主导地位，新技术和新商业模式的涌现速度加快。

第四，全球化的创新网络愈发完善。创新越来越呈现出全球化的特征，各国企业和研究机构在全球范围内建立创新网络，共同研发、共享资源、分享知识。国际合作对于创新的推动变得更加重要。

总之，从科学家个体和企业到区域和国家，创新共同体的范畴在不断地扩大，这表明科技和创新活动正在整合社会资源，进行具有创造性的知识生产和实践活动。在科学研究步入数据密集型科研范式后，创新范式也进一步向机器与智能转型，融合人工智能进行突破式创新，由传统的人人协作进入广泛的人机协同进程。

二、从人人协作转向人机协同

人机协同实现复杂问题求解将成为人工智能时代的一个主要标志。[①]传统的人人协作模式，即多个人之间相互沟通、协调、合作，逐渐被人机协同模式所取代，即人类和智能机器之间相互理解、互补、协作。[②] 人机协同模式不仅可以提高工作效率和质量，也可以拓展人类的创造力和智慧。未来的创新范式将呈现人与机器的协同创新模式，即结合发挥前者的能动性、社交性和领导力等优势，以及后者的大数据量化、运算、处理等能力，共同推动"人-机-环境创新生态系统"的建立，提高生产力发展水平，塑造未来发展新动能。[③]

（一）人机协同创新的发展背景

自 20 世纪 60 年代以来，现代信息技术的迅速发展带动了人机交互研究的广泛发展，其目的是设计出符合人类特性的人机界面，如友好性、可用性、透明性等。这类研究涵盖了各种工作环境，包括文职工作、计算机编程、设计等。不过，这些界面主要是静态的，即由用户完全控制计算机。然而，随着越来越耦合的系统出现，现代技术需要应对更加复杂动态的情况，就有必要采用人机协同来应对这一趋势带来的新风险。

第一，从技术角度来看，人工智能技术的发展，使得智能机器能够模拟和超越人类的部分认知、感知、学习和决策能力，从而能够与人类进行更深层次的交互和协作。例如，智能语音助理可以理解和回应人类的语音指令，智能机器人可以执行人类的复杂任务，智能推荐系统可以根据人类的

---

① 吴信东，王祥丰，金博. 人机协同[M]. 北京：科学出版社，2022：3.

② 吴朝晖. 类脑计算——构建"人造超级大脑"[N]. 人民日报，2022-01-11(20).

③ 任宗强，陈淑娴. 人机协同创新：面向智能制造的创新新范式[J]. 清华管理评论，2021(11)：24-31.

偏好和行为提供个性化的服务等。

第二,从社会角度来看,人类社会的变化,如人口老龄化、环境污染、资源紧缺等,也催生了对人机协同的需求,以解决一些人类难以独立应对的社会问题。例如,战争、情感联结、劳作中的需求分别催生了军用机器人、情侣机器人和工业(服务)机器人,美国机器人研究专家阿金便用"炸弹、纽带和奴役"分别形容这三种机器人。①

第三,从经济角度来看,人机协同的优势,如提高效率、降低成本、增强安全、扩展能力等,也使得人机协同成为一种更具竞争力和创新力的经济模式。例如,人机协同的制造业可以实现更高的生产质量和效率,人机协同的医疗业可以实现更准确的诊断和治疗,人机协同的教育业可以实现更个性化的教学等。

第四,从人类角度来看,人机协同的潜力,如拓展人类的创造力和智慧,也使得人机协同成为一种更有意义和价值的人类活动。例如,人机协同的艺术创作可以产生更多的美感和想象,人机协同的科学研究可以产生更多的知识和发现,人机协同的社会服务可以产生更多的幸福和满足等。

(二)人机协同创新的机制原理

人机协同系统是一个由人和计算机组成的计算推理系统,其通过合理有效的交互协调机制,集成人类智能和人工智能,由人类和机器一起组成团队,自主交互,协作共赢。在具体的创新活动中,人类负责设定目标、提出假设和解释结果,并提供创造性思维、临场决策、伦理判断,以及对复杂、非结构化问题的直觉理解;而人工智能可以处理大量结构化数据,执行重复性高的任务,进行模式识别和预测分析,提供未被注意的模式和关联,在这种协作中,人工智能不仅是工具,更成为启发人类新想法和策略的伙伴。

① 温德尔·瓦拉赫,科林·艾伦.道德机器:如何让机器人明辨是非[M].王小红,译.北京:北京大学出版社,2017:39.

人机协同创新除了分工的优化，更为重要的是协作过程中的互动以及知识的整合与创新。

人工智能本质上是一种认知技术（epistemic technology），其被用来处理认识论内容（如命题、模型、数据）并对这些内容执行认识论操作（如统计分析、模式识别、预测和推理），这使得人工智能与其他工具（如显微镜、望远镜等）有所不同，后者虽然也在认识论背景下使用，但不处理认识论内容也不执行认识论操作。[①] 当前兴起的生成式人工智能则开始全面嵌入所有可能对认知、决策进行技术性替代的场景和社会过程之中，人机协同也将在各领域扩展。人类与机器在获取知识的途径上各具特点，人类主要依赖于学习过程和经验的积累不断增进认知，而机器则借助训练算法以及数据驱动的方式填充其知识库。基于人机各自的知识结构及能力边界，可以合理进行认知劳动分工：将那些需要深度专业洞见或复杂计算的任务交付给机器处理，同时将那些高度倚赖个体经验和判断力的任务留给人类执行。这种分工不仅体现在具体任务的分配上，更深层次地影响了事实信息与价值判断的权衡与分配。人类通过持续的学习、正规教育以及实践经历积淀了丰富的知识体系，能够在决策过程中融合多维度因素进行综合考量。

人机协同的机制包括：(1)互补人机协同机制。如电子触摸屏、语音识别控制界面等交互性强的技术展现了某种真正的"人＋机器"的自然共生人机交互体系。(2)混合人机协同机制。将对智能的研究延伸到生物智能与机器智能的互联，整合各自的优势，创造出更强大的智能形态。(3)多人多机协同机制。在多人多机协同工作的环境下，单个的任务被不同的协作者拆分，并通过一定的协调方法和目标函数来调节优化协作，保证协作者所构成的群体行为的一致性，从而提高协作效率。[②]

---

① Alvarado R. AI as an Epistemic Technology[J]. Science and Engineering Ethics, 2023, 29(5): 32.

② 吴信东，王祥丰，金博. 人机协同[M]. 北京：科学出版社，2022：7-8.

人机协同创新在于人与智能机器通过系统频繁交互，在工作上达成协同合作、在智慧上形成优势互补，实现数据和信息等生产要素的价值倍增，以更高的形式整合知识，进行创新活动。人机协同创新过程的实现可以分为感知、决策和执行三个环节。感知环节融合了人、机和环境的综合信息，人的感知包括人对环境的感知、人对发送到人机界面的信息感知、人对自我运动的感知以及人对物体状态及其反馈的感知；机器感知包括机器人对环境的感知、机器人对发送到人机界面的信息感知以及机器人对物体状态的机器反馈的感知。根据从感知环节获得的意图，决策环节组织系统中的活动包括人类任务和机器人工作，混合人与机器人之间的控制执行层将高级指令转换为低级指令，以便机器人准确执行。

人机协同创新的应用已初具规模，如复合机器人协同创新成为制造业向智能制造、高端制造转型的核心产品，其由“眼”（视觉系统）、“手”（末端执行器）、“脚”（移动底盘）组成，联合产业链上下游伙伴组成攻关联合体，在新能源、国防、航空航天等高端智能制造领域已有大规模的落地。这种人机协同创新的全新模式是以“人＋机器”为中心组织设计的，人与智能机器通过系统频繁交互，充分释放数据等生产要素的价值，实现人与智能机器的协同价值共创。

在人机协同创新中，人类是创新的主体，是创新活动的发起者和推动者，具有创造力、想象力、理性、情感、价值观、道德观等特征，这些特征使人类能够提出创新的目标和需求，设计创新的方案和策略，评价创新的效果和意义，在人机协同创新中可以扬长避短，避免自身的一些局限和不足之处，如认知偏差、信息过载、思维惯性、创新困境等。机器是创新的辅助，是创新活动的执行者和支持者。机器具有计算能力、存储能力、学习能力、逻辑能力、感知能力、交互能力等特征，这些特征使机器能够处理数据和信息，实现创新的功能和任务，提供创新的工具和平台，提升创新的效率和质量。

机器在人机协同创新中的作用不可忽视，但也存在一些挑战和风险：

首先，机器参与人类知识创新的过程可能产生“遮蔽效应”，导致人类对获取知识的根本目的日渐淡忘，更深层次来说，人类在知识创新过程中的角色可能发生深刻转型，从原本的主导者逐渐转变为共同创造者，甚至沦为单纯的接受者。其次，人工智能的应用有加剧知识鸿沟的趋势，并可能加速社会分层与分化进程。尽管人工智能被期待作为普及化的知识生产和跨人机、人际沟通工具，但从技术社会发展的普遍规律及当前大模型的众多研发者的资源配置策略来看，人工智能有可能与之前的颠覆性技术类似，产生知识分配的不公正问题。作为一个具有强大智能的“非人类实体”，人工智能已强势参与到人类知识创新中来，其显性和隐性的社会影响也逐渐显现出来。目前，生成式人工智能尚不具备人类的反思能力和批判精神，仅停留在复制既有知识层面，而非创造性知识的源泉。这一局限性实际上突出了人类在知识创新方面的核心作用。

环境是创新的背景，是创新活动的条件和资源，包括自然环境、文化环境、技术环境、市场环境等方面，影响着创新的动机和方向、创新的机会和难度、创新的价值。人机协同创新生态系统中的环境也并不是静态的、被动的，而是与人类、机器互相影响、双向构造。

（三）人机协同创新的发展趋势

人机协同创新的未来发展趋势是从“人主导-机辅助”的工作模式逐渐过渡到“人机融合”共同参与创新全过程的工作模式。人机融合中的人不限于个人主体，其代表着以人为本的认知思维方式，机器也不限于机器装备，而是代表着与计算机系统相关的机制与机理。在人机融合的模式下，人类和机器将对创新问题和目标有深度地进行整合和协作，在创新设计和决策中实现高度的融合和协作，形成新的创新主体和实体。

首先，在智能输入端，人机融合创新不单单依赖于人主观感知到的信息或是物理传感器采集的客观数据，而是联系人的先验知识将二者有效结合起来，以形成一种新的智能输入。其次，在智能产生的重要阶段，即信息处理阶段，人机融合创新将计算机的计算方式与人的认知方式融合，从而建构起一种新的理解途径。最后，在智能输出端，在计算机逐渐迭代的算法之中加入人的决策，从而给出有机化与概率化相互协调的优化判断。

人机协同创新的类型主要包括以下三种。

第一种是生理融合，指通过植入人体的机械装置来增强人的生理功能或通过智能设备捕捉人的生物信息。随着传感器技术的发展，越来越多的生物传感器被应用于健康监测和医疗诊断等领域。这些传感器可以与智能手表或其他设备相连，提供实时的生理数据和健康状态监测。

第二种是认知融合，指通过脑机接口技术将人的思维与计算机连接起来，实现思维的扩展和增强。近年来，研究人员已经通过植入技术对大脑有关运动的区域进行操作，使得帕金森病等疾病的患者得以通过脑机接口来控制移动设备。除此之外，在类脑计算机和深度学习等技术的支持下，研究人员已经开发出了许多模拟大脑的软件和硬件平台，使得进行大规模的脑机接口实验更加便捷和精确。

第三种是感知融合，指通过传感器和虚拟现实技术将人的感知能力与机器的感知能力相结合，实现超越日常的感知体验。例如，有研究人员已经利用虚拟现实技术制作了恐高症相关情境的虚拟环境，通过将患者置身于虚拟环境中进行暴露治疗，减少对患者自主行动的限制，患者能够体验到更真实的情境，从而更好地治疗和缓解恐惧症状。

综上，机器智能与人类智能的融合正在开创新的创新领域。将机器对数据的分析能力与人类的经验直觉相结合，能够减少人类因过度拟合和纯经验主义而产生的偏见。这种人机协作的新模式不仅优化了创新环境，还为提高创新效能和积累创新价值提供了技术支持。广泛的人机智能结合将形成一个充满活力的创新生态系统，在这个系统中，隐性知识的挖掘、吸收和转化将通过价值的聚合和利用来进行。在各个能力节点，可以看到协同效应、聚合效应和放大效应的充分发挥，这些效应将共同推动新生产力的诞生。构建"自动型"生态体系，可以进一步促进社会化、普遍化和按需供应的共建共创共享价值体系，实现价值的动态整合和整体效益的提升。这不仅代表着对社会发展的重大创新，也将深刻改变创新主体的存在方式。"人机协同创新系统是一个社会建构过程，是通过技术、结构与制度设计使人与智能机器的相互关系符合安全、自由、伦理等基本社会价值标准，并通过学习、推理和计算将情境变化编码到人机协同创新系统中，形成社会化特征的人工智能有机体，为组织决策提供可行的候选解决方案，改变我们对社会和经济生活方方面面的认知观念和认知结构。"①

总之，人机融合协同创新是人机协同创新的更高阶段，也是未来科技发展的重要方向，将开启无限可能的科技进化时代，改变人类的生活和社会，也将带来新的问题和责任。这一领域仍然是一个动态发展、充满未知的领域，对这一领域问题的本质性思考和回答本身也在决定和拓展着人机创新未来的内涵和发展方向。人机融合协同创新范式的实现仍面临着以下几个关键问题：(1)如何设计和开发能够理解人类需求、意图、情感等的智能机器，使其能够与人类进行自然、流畅、高效的交互；(2)如何建立和维护人机之间的信任、合作、共识等，使其能够形成有效的协作关系，避免冲突、误解、抵触等；(3)如何评估和优化人机协同的效果，使其能够兼顾创新性和高效性，妥善应对两者的张力，增强两者的合力。

三、科学研究范式、技术攻关范式、技术应用推广范式全链条融合

在科学整体化、技术群体化以及科学技术一体化的现象出现之后，科

① 任宗强，陈淑娴. 人机协同创新：面向智能制造的创新新范式[J]. 清华管理评论，2021(11)：24-31.

学与技术也进入共同演化的进程。二者的合作很大程度上突破了共同体内部与外部社会的划分，转向关注“有用知识”产生与利用的创新研究，并在社会层面进行广泛的应用与推广。因此，科学研究范式、技术攻关范式与技术应用推广范式的全链条融合是对科学研究与产业创新之间存在的社会边界的融合，大规模资源的集聚使人才培养、技术创新与扩散、应用推广升级为一个整体的、系统化的过程。

创新范式需要聚焦全链条融合的全新问题，探索当前科技发展背景下的科学研究范式、技术攻关范式与科学研究范式转型的主要趋势，为推动我国的创新发展注入强大的发展动能。

（一）科学研究范式转型的主要趋势

科学研究范式是指科学共同体为了使日常科研工作高效有序运转所普遍采用的一套规则体系，包括建制环境、研究路径、评价体系、研究方法、技术路线等。在智能科学发展背景下，科学研究范式形成了基于兴趣、应用、数据及算法的混合驱动模式。AI for science 正打造新的科研范式，将人工智能越来越多地融入科学发现，以协助科学家在科研工作中提高效率、加快进度，进而提高研究的质量和深度。

AI 应用于科学研究并非一蹴而就。20 世纪 50 年代，数字化的引入为计算广泛应用于科学研究打下了基础；21 世纪初，深度学习的兴起使人工智能为科学发现提供有价值的指导铺平道路；2020 年开始，AI for science 就进入了集中爆发的发展阶段。如今，人工智能可以利用自身强大的数据归纳和分析能力去学习科学规律和原理，从而得出模型，辅助科学家解决实际的科研问题，特别是帮助其在不同的条件假设下重复进行大量的验证与试错，从而大大加速了科研进程。这一方法已经在多个前沿科学领域取得了显著成果，其中让 AI for science 的讨论达到高潮的莫过于 2023 年生命科学突破奖得主约翰·乔普（John Jumper）团队的 AlphaFold。1972 年诺贝尔化学奖得主克里斯蒂安·伯默尔·安芬森(Christian Boehmer Anfinsen)提出的蛋白折叠问题是困扰生物学界半个多世纪的经典难题，乔普团队开创性地利用人工智能让蛋白质结构预测研究走入新的阶段，终于破解了这一著名难题。DeepMind在2021年发布的AlphaFold2就成功预测了98.5%的人类蛋白质三维结构，且预测结果可达到以往通过冷冻电子显微镜等复杂的实验观察才能预测到的水平。同样，在分子动力学领域也出现了类似的DeepMD-kit项目，其通过物理建模与机器学习、高性能计算技术相结合，在保持高精度的同时能够将分子动力学的极限提升至10亿原子规模，从而解决了传统分子动力学中平衡速度与精度的难题。

AI对科学研究的组织结构与工作流程带来的改变十分明显。从组织结构看，AI for science是一个高度综合的体系，其依赖于多个科学领域共同发展和支撑。新型科研范式下需要加速建立大信息、大物质、大生命等学科群多向联动的循环关系，这就意味着当前的科学研究需要扩大资助规模并提升合作规模效率，科研组织逐步团体化和规模化。与传统自组织结构的科学研究范式不同，今天的科学研究范式主要采用层级和集中式组织结构，通过系统化的分工组织，实现不同研究路径中大规模研究资源的覆盖与有效分配，这样就可以避免传统科学研究范式下合作规模的限制，从而提高科研资源的利用效率。① 从工作流程看，人工智能系统可以实现高度自主的、高效且智能的实验设计与数据收集。例如，在生物化学中，人工智能可以系统有潜力地通过加速过程探索10^{60}个药物分子，并提供接近实验精度的预测，从而彻底改变科学工作流程。

总之，成熟的AI技术与科研领域交叉融合推动了科学研究转型。通过引领"AI+"科学发展，进一步实现科学研究迭代跃迁，特别是海量数据渗透到科学研究领域，让"计算+实验""数据分析+经验总结"等新方法得

① 黄振羽.基于大科学设施的创新生态系统建设："雨林模型"与演化交易成本视角[J].科技进步与对策，2019，36(19)：9-16.

以在文理交叉、理工交融等领域大放异彩，给人类在科学无人区的探索带来了新的可能性。

（二）技术攻关范式转型的主要趋势

技术攻关范式是在开放协同条件下实现整体要素供给、多技术并用和多线程并进。技术范式是指该技术领域的从业者所形成的共同体公认的一个技术操作模式，由实践、方法、程序操作、仪器、原理以及具有特殊感知的系列性的所共有的技术方法组成。[①] 传统技术攻关过程的每一个创新活动都是一次完整的意义探索，技术攻关主体往往仅在技术范围内追求创新效益最大化，与其他主体缺乏有机协作。[②] 此外，传统技术攻关范式只集聚技术资源进行汇聚式创新，进行内部资源整合，没有达到“1＋1＞2”的创新结果。

从技术迭代角度看，第四次工业革命发轫于21世纪初，虽然不确定此过程将持续多长时间，但可以肯定的是，其发展速度不是以线性速度前进，而是呈指数级增长。因此，传统离散、无序的技术攻关范式在当今的创新发展背景下已经无法有效组合技术主体内外部的资源与信息。当前，方兴未艾的技术攻关范式已经跃迁为依靠计算机辅助工具的发展以及数学规划原理的优化设计，将物理世界的数据转换或生产为有用的信息和知识，并开创与物理世界具有映射关系的数字世界，从而指导物理世界中技术创新发展的过程。

第一，在技术内容上，新技术知识的重大发现往往可以引起相关核心技术的颠覆性变化，从源头上改进技术攻关范式。其中，量子科技的发展就是技术知识不断重组、技术攻关范式迭代升级的历程，如20世纪80年

---

① Constant E W. A Model for Technological Change Applied to the Turbojet Revolution[J]. Technology and Culture，1973：554.

② 张军荣，袁晓东. 技术创新“范式”之争[J]. 科学学研究，2013，31(11)：1605-1670.

代后科学家将量子力学应用到信息领域，诞生了量子计算、量子通信等技术。

第二，在技术环节上，技术环节的调整往往可以指导技术要素的重组，进而促成技术攻关范式转型。当前，数字空间、信息系统等技术支持引发了技术环节、设计流程的再造，这就使大规模、经常性模块变动成为可能，从而引发了制造技术攻关范式转向大规模定制。

第三，在技术方法上，新技术方法的采用往往意味着价值取向的变化可能改变技术攻关范式的解决途径。以人工智能发展为例，如何开发易于上手的 AI 软件优化工具是 AI 普及的主要难点。在这一问题上，英特尔在第二代至强可扩展处理器上就实现了 CPU 内置的 AI 加速，让“用 CPU 跑 AI”成为可能，从而在输出绝大多数应用所需的通用算力的同时推进了 AI 技术应用攻关范式的落地。

第四，在外部环境上，外部环境的变化往往会激活技术攻关范式转型的隐性影响因子，进而引发技术攻关范式的迭代升级。例如，医疗环境因素的变化给健康服务技术带来的范式转变，交通环境因素的变化给无人驾驶技术带来的范式转变，以及农业环境因素的变化给智慧农牧技术带来的范式转变。

总之，在技术内容、技术环节、技术方法以及外部环境的综合作用下，技术攻关范式产生了组合式技术创新、汇聚与分布式技术创新与线上线下结合的技术创新等基本类型。组合式技术创新主要采用并行的思路和整合的理念，将知识、技术、制度、平台、人才、政策等要素融入技术攻关过程，形成了开放协同条件下的整体创新要素供给；汇聚与分布式技术创新既有集聚资源于同一场所、同一主体的集中攻关，又有分散要素于不同场所、不同主体的合作攻关，如可以链接不同地域的国家重点实验室等平台，开展基于关键核心技术攻关的汇聚与分布式创新；线上线下结合的技术创新是一种全时空创新的方式，可以让技术创新处于“无边界”和“全天候”的状态，人与虚拟载体将在技术创新领域形成新的交互共进关系，如“互联网＋创新”“智能＋创新”等未来技术创新形态。①

(三)技术应用推广范式转型的主要趋势

技术应用推广范式表现出基础研究、应用研究和产业创新的界限日益模糊。它是指将理论应用于实际，通过新方法、新途径解决具体问题，从而使技术的价值在应用推广中得以最终实现。在过去的创新活动中，基础研究与应用研究界限分明，基础研究是为了认识事物属性的一般规律，进而提炼抽象的科学理论。② 但是，随着科学研究进入后学院科学阶段，人们逐渐发现科学创新活动是一个连续过程，科技创新与产业创新之间的关系更加紧密。二者之间的互动具体体现为知识技术的转化应用速度不断加快。

在应用推广的过程中，随着创新范式从引进转移的封闭式线性创新、三螺旋式的开放式协同创新转向生态系统中的生态创新，政府、大学、企业、科研机构等主体的异质性和协同性并存。其中，高校将承担更为重要的创新使命，成为科技创新与产业创新联动的战略力量。高校的定位将从科技供应者到产学研合作者再转向创新的动力源提供者，从原来的创新边缘走向以知识为基础的创新的中心。③ 在这一过程中，与企事业单位进行横向课题合作是知识转化为应用的重要形式，④特别是理工农医等学科需要主动对接产业行业重大急需，大力建设集前沿科学研究、颠覆性科技转化为一体的创新示范性平台。虽然传统学科体系的规制力量依然强大，但

---

① 吴朝晖.应对变局　开拓新局　以卓越创新引领学校“十四五”改革发展新征程——在浙江大学2020年暑期工作会议上的报告[R].杭州:浙江大学,2020-08-24.

② 张寒,李正风,高璐.超越科学共同体:科技创新共同体的形成何以可能[J].自然辩证法研究,2022,38(8):48-53.

③ 吴朝晖.推进“双一流”建设:目标和任务——在浙江大学2017年暑期工作会议上的报告[R].杭州:浙江大学,2017-09-07.

④ 张煜,苏竣.创新链视角下产学研合作、高校创新与技术进步[J].科学学研究,2023,41(7):1294-1315.

已不能抵消创新范式全链条融合下应用推广的需求逻辑效应，高校内部组织体系将面临巨大压力。同时，在新的创新环境下，企业也要积极调整组织结构，以便适应高校的知识转化应用。创新型企业可以通过更好地观测市场情况，以竞争效应促进整体创新水平的提高，有时更高的创新水平与产品质量甚至能产生知识溢出。

以智能化为表征的第四次工业革命带来了以人、自然、生态、社会高质量协同发展为核心的中国式现代化会聚融合。虽然我国科技创新目前已经取得了突飞猛进的进展，但是牵动发展全局的"牛鼻子"作用还未得到充分发挥。[①] 科学研究范式、技术攻关范式、技术应用推广范式的全链条融合则可以帮助我们破除制约科技创新发展的障碍，形成推动创新发展的强大力量。我们需要坚持汇聚式创新与分布式创新并进、科技创新和产业创新联动以及基于线下和线上载体系统创新的思路，真正打通学科链、创新链、产业链，实现全社会创新资源的合理配置和有效利用。[②] 总之，在新的技术应用推广范式下政产学研用各主体都可能成为创新系统中的单元中心，它们可以通过线上线下多种范式实现人、财、物等资源的联合。

---

① 陈劲，朱子钦，杨硕，等. 全面创新：制度视角的概念、框架与政策启示[J]. 创新科技，2023，23(10)：1-12.

② 吴朝晖. 加快创新型省份建设，增强高质量发展功能——浙江政协·崇学讲坛第十九讲报告[R]. 杭州：浙江大学，2020-06-08.

第六章　人工智能驱动的创新范式

近年来，人工智能（AI）作为新一轮科技革命和产业变革的重要驱动力，越来越多地应用于各个科研领域与产业场景，以整合海量数据集、完善测量、指导实验、探索与数据相匹配的理论空间，以及提供与创新流程相结合的可操作的可靠模型，推动实现科学发现与自主创新。随着云计算、量子计算等技术的发展，计算能力得到了前所未有的提升，基于 AI 大型数据集的可用性、快速和大规模并行计算和存储硬件加持等特征，AI 在驱动领域的发展迎来了新突破。如今 AI 不再仅仅是解决碎片化的点状科学问题，而是在科研领域面向不同应用场景时进行更精准的数据收集与抽象分析，确定基础性和特殊性问题与假设，针对快速变化的算力、数据、模型进行统一架构设计以及高效实验模拟与评估，将科研成果拓展至技术攻关、产业应用、场景开发与成果转化推广等多个创新领域。本部分将聚焦 AI 驱动的科学研究、技术攻关与场景应用的逻辑过程与具体案例展开讨论，以期系统描摹 AI 驱动的创新范式（AI for innovation）全图景。

一、人工智能驱动的科学研究

自 2016 年 DeepMind 团队研发的 AlphaGo（阿尔法围棋）运用深度学

习和神经网络算法[①]在围棋比赛中击败世界顶级选手起，科学家们开始利用人工智能去探索不同领域中具有高度复杂性和依靠高通量数据的科学研究。2020 年，Deep Mind 团队开发的 AlphaFold 深度学习模型以前所未有的精度预测蛋白质三维结构，首次参加 CASP（Critical Assessment of Protein Structure Prediction）并拔得头筹，AlphaFold 相关研究在 *Nature*（《自然》）上引用已超过 10000 次。[②] 2022 年，谷歌推出了 AlphaFold2 人工智能蛋白质结构预测数据库，它能够将蛋白质结构预测的精确度提升到原子级别。2021 年，德国科学家 Roman Schulte-Sasse 等人利用深度学习算法对数万个医疗数据集展开分析后，鉴别出了 165 个可能导致癌症的新基因，为个性化药物靶向治疗以及生物标志物开发开辟了新前景。[③] 2023 年 7 月，华为云研究团队使用华为盘古气象 AI 大模型，仅用 1.4 秒完成 25 小时的天气预测，破解了气象预测的速度问题，相关研究发表在 *Nature* 正刊。[④] 4 个月后，谷歌 DeepMind 实验室推出 GraphCast 气象模型，只需不到 1 分钟便可以预测未来 10 天的天气，在速度和精度上均超越当前最先进系统水平，其相关成果发表在 *Science*（《科学》）正刊。[⑤] 2023 年 7 月，中国人民大学孙浩教授团队与华为合作，利用昇腾 AI 澎湃算力、依托昇思 MindSpore AI 框架开发了物理编码递归卷积神经网络（Physics-encoded Recurrent Convolutional Neural Network，PeRCNN）。它是一种帮助科学家从不完善和高噪声的数据中发现更高精度、鲁棒性、可解释性

---

① Silver D，Huang A，Maddison C J. et al. Mastering the Game of Go with Deep Neural Networks and Tree Search [J]. Nature，2016(529)：484-489.

② Senior A W，Evans R，Jumper J. et al. Improved Protein Structure Prediction Using Potentials from Deep Learning [J]. Nature，2020(577)：706-710.

③ Schulte-Sasse R，Budach S，Hnisz D. et al. Integration of Multiomics Data with Graph Convolutional Networks to Identify New Cancer Genes and their Associated Molecular Mechanisms [J]. Nature Machine Intelligence，2021(3)：513-526.

④ Bi K，Xie L，Zhang H. et al. Accurate Medium-range Global Weather Forecasting with 3D Neural Networks [J]. Nature，2023(619)：533-538.

⑤ Lam R，Sanchez-Gonzalez A，Willson M. Learning Skillful Medium-range Global Weather Forecasting [J]. Science，2023，382(6677)：1416-1421.

和泛化性物理规律的有效工具，相关成果已在 *Nature*（《自然》）杂志子刊 *Nature Machine Intelligence* 上发表。[①] 2023 年 12 月，卡内基梅隆大学（Carnegie Mellon University）研究团队开发的 AI“化学家”（Coscientist）甚至可以自主设计、规划和执行复杂的实验，不仅可以成功实现药物分子合成，而且在几分钟内优化了复杂的钯催化交叉偶联反应，颠覆了高度依靠实验科学范式的化学领域。[②]

随着算法、算力与数据的融合及高速发展，人工智能驱动的科学研究（AI for science）已进入加速涌现期，AI 已具备预测蛋白质结构、加速与优化分子模拟、赋能药物研发与材料设计等科研能力。人工智能驱动的科学研究正不断拓宽着科学和人工智能的边界，帮助科学家理清复杂系统与模型的脉络与结构，发现事物间关键规律与相互关系。后文将详细探讨人工智能驱动的科学研究的基本要素、原则、在科学研究中的重要性以及局限性。

（一）基本要素

人工智能驱动的科学研究包含一系列基本要素，以确保开展科学研究的高效率与高精度。

1. 自然科学大模型

自然科学大模型是对人工智能驱动的科学研究的自然系统进行仿真和预测的关键工具，帮助科学家理解复杂的现象和相互关系。这些模型包含了丰富的物理方程、数学模型和仿真算法。典型的例子是天文学中超大规模的宇宙模拟模型，通过这些模型，研究者们能够预测星系的形成、星系

---

① Rao C, Ren P, Wang Q, et al. Encoding Physics to Learn Reaction-Diffusion Processes [J]. Nature Machine Intelligence, 2023(5):765-779.

② Boiko D A, MacKnight R, Kline B, et al. Autonomous Chemical Research with Large Language Models [J]. Nature, 2023(624):570-578.

团的演化以及宇宙大尺度结构的形成过程,如 Illustris 项目[①]就能模拟从宇宙演化到生物系统互动的各个层面,帮助科学家研究宇宙结构和星系形成的过程。

2. 算力及算力基础设施

处理复杂计算任务需要强大的算力支持,尤其在模拟、优化和训练大模型时,算力基础设施的完备性和高性能是至关重要的。例如,量子计算机在量子化学模拟中的应用,IBM 的"量子蜂鸟"(Quantum Hummingbird)计划利用 IBM Quantum 计算机对分子的电子结构进行模拟,[②]有望加速新材料的发现。量子计算机的高度并行性和量子叠加原理为处理具有指数级别复杂度的问题提供了新的可能性。

3. 数据/数据集

数据是 AI 模型训练和验证的基础,尤其在科学研究中,大规模的实验数据对于验证理论和模型至关重要。科学家们需要可靠的、多样化的数据集来推动他们的研究。在生物医学领域,人类基因组计划(Human Genome Project)提供了大规模基因组数据,[③]为研究基因与健康之间的关系提供了宝贵的信息。这种大规模的基因数据集促进了生物信息学、遗传学等领域的发展,为个性化医疗、基因治疗等领域的突破奠定了基础。

4. 核心算法

算法是人工智能驱动的科学研究的核心,深度学习、强化学习等新兴算法的应用推动了科学研究的发展。这些算法不仅让人类能更深入地理解复杂问题,还带来了科学研究方法的革新。在粒子物理学中,使用深度学习算法,如卷积神经网络(CNN)能够更快速而准确地识别高能物理实

---

① 详情参见 https://www.illustris-project.org.

② 详情参见 https://www.ibm.com/quantum/summit-2023.

③ 详情参见 https://www.genome.gov/About-Genomics/Introduction-to-Genomics.

验中的粒子轨迹，提高实验效率。这种算法的应用使得研究者们能够更迅速地从庞大的数据集中提取有意义的信息，加速了对基本粒子、能量交互等物理现象的认识。

（二）主要原则

人工智能驱动的科学研究基于 AI 的内在特性，遵循一系列原则，包括基本理念和方法论来开展科学研究。这些原则是人工智能驱动的科学研究成功的关键，它们不仅指导科学研究的方法和过程，还确保了科学研究的质量和社会影响。以下是一些基本原则。

1. 跨学科融合

将计算机科学、数学、统计学等领域的方法和知识与特定科学领域（如生物学、物理学、化学等）的专业知识结合起来，促进新的科学发现和技术创新，使得研究人员能够利用 AI 的强大数据处理和分析能力来解决传统科学难以应对的复杂问题，如 AlphaFold 程序结合了深度学习技术和生物学知识，成功预测了蛋白质的三维结构，展示了跨学科融合在解决复杂科学问题中的巨大潜力。

2. 开放性和协作

人工智能驱动的科学研究延续了计算机领域的开源性特征，相关开源网站与开源社区等允许科学家与技术人员在全球范围内共享数据、算法和研究成果，支持跨机构和跨国界的协作。这种开放的科研环境促进了知识的快速传播和科学进步，使得不同机构和国家的研究人员能够共同工作，解决全球性的科学问题。例如，全球科学家通过共享病毒基因序列、研究数据和治疗方法，加速了对病毒的理解和疫苗的开发；共享的关键之一是使用 AI 分析大量数据，帮助科学家快速识别病毒的特性和找出治疗方法。

3. 部分可解释性和透明度

AI 模型和分析结果不仅要准确,还要能够被科学家和公众理解。可解释性是指能够理解和解释 AI 模型的决策过程和结果。透明度指的是 AI 系统的设计、操作和决策过程对用户和公众是开放和清晰的。这包括算法的设计原理、数据来源、模型训练过程和可能的偏见来源。这增加了科学研究的可信度,确保了科学决策的质量,并有助于公众对 AI 应用的接受和信任。当前的 AI for science 可以提供大部分可解释的决策过程、结果、数据来源等。

(三)重要作用

1. 加速科学发现

AI 不仅能够处理大规模、高维度的数据,加速科学家对复杂数据集的分析速度,而且通过机器学习和深度学习技术,能够识别数据中的隐含模式,帮助科学家进行预测,从而提前发现趋势和规律。

2. 提高研究效率

在实验设计上,AI 可以协助设计实验方案,选择最优条件,节省研究时间和资源,实现自动化数据分析和模型训练。在文献阅读上,AI 能够通过自然语言处理信息检索技术,快速梳理大量文献,帮助研究人员迅速获取相关信息,如 AI 动力材料研发商 Citrine Informatics 的平台与文献搜索工具 Semantic Scholar,均利用 AI 解放科学家在部分重复研究工作上的劳动力。

3. 增强研究精度

AI 利用现存的数据分析和模式识别技术,能够显著提高研究的精度,能够帮助科学家更准确地理解复杂的现象、做出准确的预测和制定更精细化的研究计划。

案例 6-1:AI 驱动高效实验的典型案例——AI 精确控制可控核聚变实验内磁场

核聚变是指将两个轻核聚合成一个重核的过程。在这一过程中，轻元素发生核融合并释放出巨大能量。鉴于核聚变需要极高的温度，一旦某个环节出现问题，导致燃料温度下降，聚变反应将自动停止，因此 AI 在核聚变中的应用十分重要。(1)模拟和预测:AI 可以用于模拟和预测核聚变反应的行为。对已知反应的数据进行训练，可以开发出能够预测和优化核聚变反应的 AI 模型。(2)实时监测和控制:使用机器学习算法，可以从传感器数据中提取有用的信息，例如温度、压力和辐射水平，并用这些信息来控制反应堆的运行参数。这有助于确保反应堆在安全的条件下运行，并优化反应堆的性能。(3)数据分析和处理:使用机器学习算法，可以从数据中发现聚变反应隐藏的模式和趋势。(4)聚变反应堆设计:使用机器学习算法，可以优化反应堆的几何形状和运行参数，以提高聚变反应效率和稳定性。

在核聚变过程中存在"托卡马克磁控制问题"。托卡马克装置的作用是可以长时间约束高温的等离子体，让核聚变的反应可以持续并可控。为了优化等离子体的稳定性、封闭性和能量排放，需要在托卡马克内设计反馈控制器，以精确控制磁耦合的线圈来操纵磁场，以达到理想的等离子体电流、位置和形状。这个问题也就是著名的"托卡马克磁控制问题"。

2022 年 2 月 16 日，来自人工智能公司 DeepMind、瑞士洛桑联邦理工学院的研究团队，通过与托卡马克模拟器的互动学习生成控制策略，并将以神经网络表示的控制策略直接在硬件上进行托马克磁控制，不仅实现了对等离子体平衡的基本品质的精确控制，而且具备复杂配置能力，实现了在放电实验所有相关阶段准确的等离子体控制。

深度强化学习可以作为全新的处理复杂核聚变方式，用于解决

"托卡马克磁控制问题"。随着核聚变的反应堆增大,托卡马克装置越来越复杂,对其内部配置的运行设置要求越来越高。而且这个控制过程是非线性、实时变化、多变量的,非常复杂,需要大量的工程、设计和专业知识,同时还要进行复杂的平衡估计来实时计算调控的电流。传统的计算机模型和模拟方式不一定能够优化该过程,精确性也无法保障。而强化学习设计的磁性控制器,可以自主学习设计整个控制线圈的电流,在实验过程中实时调整和自适应,同时不断预测实验结果进行精准指导,既可以满足苛刻的物理操作约束条件,也能够实现稳定的输出控制,有效减少了磁约束控制器的开发周期,加速了科研人员对替代性等离子体配置的研究。

(四)局限性分析

1. 解释黑箱问题

AI 模型在科学研究中的应用通常涉及复杂的深度学习算法,这些算法往往以黑箱形式呈现,难以解释模型的决策过程和推理基础,使科学家难以理解结果产生的背后原因。缺乏解释性可能阻碍了科学家对于模型生成结论的信任,尤其是在需要对科学研究结果进行验证和理解的情境下,AI 模型会成为不具效力的被引用者。①

2. 数据安全问题

科学研究中使用的大规模数据集可能包含敏感信息,涉及个体隐私或商业机密。AI 模型在处理这些数据时存在潜在的数据泄露、滥用和不当使用的风险。数据安全性的问题可能导致科研机构、企业或个体的敏感信息被泄露,不仅损害隐私权,还可能引起法律纠纷和社会争议。

---

① Miller T. Explanation in Artificial Intelligence: Insights from the Social Sciences [J]. Artificial Intelligence, 2017(267): 1-38.

3. 道德伦理问题

在涉及人类和环境影响的 AI 驱动创新研究中，例如基因编辑和气候预测等领域，由于缺乏明确的伦理框架和规范，可能导致技术的不当使用，进而引发伦理争议和社会担忧。不合理或缺乏道德伦理的研究和应用可能损害个体、社群或整个生态系统的利益，引发公共不满和科学信任危机。

二、人工智能驱动的技术创新

当前，人工智能驱动的技术创新（AI for technology）的概念正初现端倪，AI 领域的工具和方法已经初步成熟，科学界与产业界运用 AI 试图颠覆与重塑传统科学研究的思维与方法，[①]以更高精度与更快速度解决现实复杂问题，实现技术突破和推动创新。虽然不同产业技术创新流程有所不同，但总体可以分为以下四个基本过程：数据收集/分析、假设构建、实验设计/模拟与技术攻关。如图 6.1 所示，这四个阶段是高度关联且有递进与循环关系。AI 在每一个科研阶段都颠覆了传统的思维与模式，提高了产业研发和技术突破的速度与精度，重塑了技术创新的逻辑与过程。

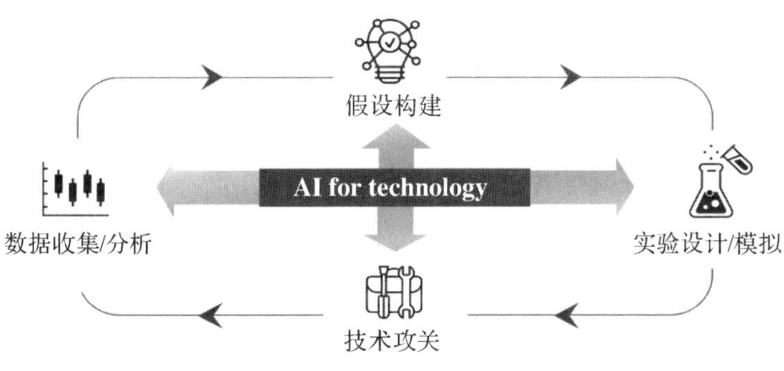

图 6.1　工智能驱动技术创新基本流程

① 王飞跃，缪青海，张军平，等. 探讨 AI for Science 的影响与意义：现状与展望[J]. 智能科学与技术学报，2023，5(1)：1-6.

(一)AI 驱动数据创新

收集数据、理解数据和转换数据是形成科学见解与技术原理的基础。[①] 在计算仿真模拟科学范式和数据密集型科学范式的深入发展下,实验数据规模与算力局限的矛盾、数据复杂度与数据质量需求的冲突已经成为科学研究发展的重大瓶颈,AI 主要基于人工神经网络算法,从大量的数据中筛选、标注、细化,提取特征和模式,生成高质量、高通量、高维度数据集来进行科学研究与技术创新。

1. 数据选择

在实验数据的筛选和选择阶段,AI 基于机器学习、深度学习等算法能够学习和理解数据的模式,自动过滤和提取对研究有意义的数据,帮助科研人员从庞大且复杂的数据集中识别出与研究目标相关的信息,如在高能物理实验中,一个粒子对撞实验每秒可以产生超过 100TB 的数据,科学家使用深度学习算法可以智能屏蔽对撞实验中 99%的原始仪器数据,[②]仅保留具有高能量或其他关键特征的数据,加强数据管理效率的同时也减少存储和分析的负担。

2. 数据标注

AI 通过自动或半自动的标注过程,可以在数据中添加注释和标签等关键信息,提供更多的上下文信息。以下介绍几种常用的数据标注方法。

监督学习标注:利用已有的有标签数据集,通过卷积神经网络(CNN)、循环神经网络(RNN)等训练监督学习模型来学习数据的特征和

---

① Wang H, Fu T, Du Y, et al. Publisher Correction: Scientific Discovery in the Age of Artificial Intelligence [J/OL]. Nature. (2023-08-02)[2024-04-02]. https://doi. org/10. 1038/s41586-023-06559-7.

② Karagiorgi G, Kasieczka G, Kravitz S. et al. Machine Learning in the Search for New Fundamental Physics[J]. Nature Reviews Physisc, 2022(4):399-412.

模式。使用训练好的模型对未标记数据进行预测，生成预测标签。[①] 将生成的预测标签作为伪标签，用于扩充训练数据集。

半监督和自监督学习标注：半监督学习是指结合已标记和未标记的数据，通过模型在有标签数据上的学习，提高对未标记数据的泛化能力。自监督学习是指设计任务使得模型在没有明确标签的情况下学到数据的有用表示。[②]

主动学习、迁移学习和集成学习标注：主动学习标注是指选择模型不确定性高的样本，请求专家手动标记，以便模型在关键区域更有效地学习。迁移学习标注是指将在一个领域上训练好的模型迁移到另一个领域，利用已有领域的标签信息来提高其在新领域的性能。通过调整模型的参数，使其适应于未标记数据所在的领域，提高模型的泛化能力。集成学习标注是指结合多个模型的预测结果，通过投票、平均等方式生成最终的标签。将不同模型的表示结合在一起，形成更综合的特征表示，用于提高标签的准确性。

3. 数据生成

随着训练数据集的质量、多样性和规模的提高，深度学习的性能也在不断改善。人工智能可以生成合成数据，通过自动数据增强和深度生成模型，包括变分自动编码器、生成对抗网络、归一化流和扩散模型，[③]生成额外的合成数据点来增强训练数据集。这有助于弥补数据不足的问题，使得训练和测试模型更加全面。

---

① Bileschi M L, Belanger D, Bryant D H, et al. Using Deep Learning to Annotate the Protein Universe [J]. Nature Biotechnol, 2022(40):932-937.

② Bai H, Cao M, Huang P, et al. Self-supervised Semi-supervised Learning for Data Labeling and Quality Evaluation [J/OL]. (2021-11-22) [2024-03-29]. https://doi. org/10. 485501arXiv: 2111. 10932.

③ Wang H, Fu T, Du Y, et al. Publisher Correction: Scientific Discovery in the Age of Artificial Intelligence[J/OL]. Nature. (2023-08-02)[2024-03-29]. https://doi. org/10. 1038/s41586-023-06221-2.

变分自动编码器(Variational Autoencoder Ewcoder, VAE)是一种生成模型，结合了自动编码器和概率图模型的思想。它通过学习数据的潜在分布及对该分布中的样本解码，能够生成真实的数据。[①] 例如，生物学家可以使用 VAE 来学习基因表达数据的潜在结构，以便更好地理解基因之间的关系。VAE 还可用于处理分子结构，帮助药物设计和化学研究。

生成对抗网络(Generative Adversarial Network, GAN)由生成器和判别器组成，通过对抗训练生成器生成逼真的样本，同时判别器努力区分生成样本和真实样本。这种对抗训练推动生成器不断提升生成样本的逼真程度。[②] GAN 广泛应用于化学、生物学、医学、天文学领域等，也可用于生成分子结构、合成天体图像等。此外，GAN 还可用于模拟实验数据，帮助优化实验设计。

4. 数据细化

数据细化是指通过处理和清洗数据从而提高数据质量。这包括去除噪声、处理缺失值等操作，以确保数据的可靠性和一致性。在科学实验中，超高分辨率激光和非侵入式显微镜系统等精密仪器是科学家们直接或间接测量高精度物理量的重要设备，AI 能够将时空分辨率较低的测量值转换为高质量、超分辨率和结构化的图像，从而提高测量分辨率、降低噪声并消除测量误差等。借助去噪自动编码器将高维输入数据投射到基本特征的更紧凑表示中，最小化无损输入数据点和从噪声损坏版本的压缩标注中重建数据点之间的差异。例如，在单细胞基因组学中，自动编码器通过优化数百万个细胞中基于计数的基因数据来激活载体，

① Zhao Q, Adeli E, Honnorat N, et al. Variational AutoEncoder For Regression: Application to Brain Aging Analysis [J/OL]. (2019-10-10) [2024-03-29]. https://doi. org/10. 485501arXiv: 1904. 05948.

② Chen X, Roberts R, Liu Z, et al. A Generative Adversarial Network Model Alternative to Animal Atudies for Clinical Pathology Assessment [J]. Nature Communications, 2023(14):7141.

改进蛋白质-RNA 表达分析。[①]

5. 数据特征提取

数据特征提取是将科学研究中的原始实验数据转换为更具信息量和可解释性的表示形式的过程,这有助于机器学习算法更好地理解数据的结构和特性。下面将具体介绍特征提取的三个方法:几何先验、语言建模和几何深度学习。

几何先验(Geometric priors)是关于物体、场景或数据几何结构的先验知识。在科学研究中,特别是在计算机视觉领域,几何先验可以提供物体的形状、位置、尺寸等几何信息。这些先验知识可以被用来引导特征提取算法,帮助算法更好地理解数据的几何结构。[②]

语言建模(Language modelling)是在自然语言处理领域中广泛应用的技术。通过语言建模,机器学习算法可以学习语言中的语法、语义等信息。在特征提取中,语言建模可以用来提取文本数据中的重要特征,帮助算法更好地理解和处理语言信息。

几何深度学习(Geometric deep learning)是将深度学习技术应用于捕捉数据几何结构和空间关系的领域。在处理具有几何特征的数据时,传统的深度学习方法可能存在局限性,而几何深度学习旨在解决这些问题。它包括了对点云、三维模型等数据的处理,使得神经网络能够更好地理解数据的几何信息。[③]

几何先验、语言模型作为特征提取的引导方法,可以帮助算法更好地捕捉多模态数据的几何结构与文本内容,反映多层次、多角度的特征,有助

---

① Eraslan G, Simon L M, Mircea M, et al. Single-cell RNA-seq Denoising Using a Deep Count Autoencoder [J]. Nature Communications, 2019,10(1):1-14.

② Kolesnikov A, Zhai X, Beyer L. Revisiting Self-Supervised Visual Representation Learning [J/OL]. (2019-01-25.)[2024-03-29]. https://doi. org/10. 485501arXiv:1901. 09005.

③ Bronstein M M, Bruna J, LeCun Y, et al. Geometric Deep Learning: Going beyond Euclidean data [J/OL]. (2017-07-11)[2024-03-29]. https://doi. org/10. 485501arXiv:1611. 08097.

于提高模型对实际问题的理解能力。几何深度学习是深度学习算法在处理具有几何特征的数据时的拓展,能更多维与精准地理解数据特征。

(二)AI 驱动假设生成

可检验的假设是科学发现的核心,它为实验和理论提供了依据,为技术提供了方向,是科学进步与技术突破的内在驱动力。AI 驱动假设生成是指 AI 推动构建、发展或解释科学假设的过程。AI 在技术创新中分析大量的数据、文献、实验结果之间的关联性,从而发现新的理论假设、趋势,为实验模型提供建议等,指导实验设计的研究方向。

1. 基于数据生成假设

AI 不仅可以用于处理与分析实验数据,还可以基于现有实验数据生成许多候选假设,并预测未来的结果。这些预测可以用于生成新的假设。

一般会采用弱监督学习方法来确定假设的优先级,包括噪声标注、有限监督和不精确监督。[①] 噪声标注是指对来自不准确的实验测量、人为误差或其他不确定性因素的噪声进行标注。模型在这些噪声标签上进行训练,从而对噪声进行鲁棒控制。有限监督指从有限的监督信息中学习,并尽可能地泛化到整个数据集。不精确监督是指当标签可能不提供问题的完整描述时,模型需要学会处理这种不确定性。这三类方法可以成功代替来自专家的注释、昂贵的高性能计算机计算以及高保真度实验等高成本监督方法。例如,在药物研发领域,高通量筛选可评估数千到数百万个分子,算法可通过训练模型来预测分子的实验效用。

2. 优化假设形成理论

在生成假设之后,AI 通常会使用强化学习与进化算法的方法来优化

① Zhou Z H. A Brief Introduction to Weakly Supervised Learning [J]. National Science Review, 2018, 5(1):44-53.

假设空间，找到能最佳解释数据的假设。进化算法也称为遗传算法，是一种基于自然选择和遗传机制的优化算法。在符号回归任务中，进化算法可以用于生成随机符号法则并作为初始解集。在每一代中，候选假设会有细微的变化，通过算法检查是否产生了更符合观察结果的符号法则，并将最佳法则保留给下一代。[①] 这种方法的优势在于其简单性和全局搜索的能力，但强化学习方法正逐步代替进化算法。强化学习方法通过定义状态、动作、奖励等将搜索问题形式化为一个强化学习问题，使用神经网络方法来建立一个学习代理。将优化目标作为奖励信号，在不同的状态下让代理与其进行交互，使用强化学习算法来调整代理的参数，使其能够在不同状态下选择合适的动作，不断利用已学到的策略来优化目标函数。这种方法通过设计奖励来衡量反驳猜想的能力，能够帮助科学家在没有数学问题先验知识的情况下找到对数学猜想的反驳。

（三）AI 驱动实验与计算仿真

1. 高效实验验证假设

AI 可以通过驱动实验设计和规划、自动化实验执行、实时数据分析、实验结果预测与解释等来高效快速验证假设，[②]从而提高假设的准确性和创新性。

实验设计和规划：实验设计是实验验证假设的基础。人工智能可以利用计算机辅助设计（CAD）进行实验设备和流程的设计，快速迭代和优化实验设置；可以利用机器学习算法，根据实验数据、先验知识和科学家

---

① Ming F, Gong W. Exploring a Promising Region and Enhancing Decision Space Diversity for Multimodal Multi-Objective Optimization [J]. Tsinghua Science and Technology, 2024, 29(2): 325-342.

② Anna C, Federico C. Where is Laboratory Medicine Headed in the Next Decade? Partnership Model for Efficient Integration and Adoption of Artificial Intelligence into Medical Laboratories[J]. Clinical Chemistry and Laboratory Medicine, 2023, 61(4): 535-543.

的需求，生成多种实验方案，并利用模拟仿真技术对实验方案进行评估和优化。

自动化实验执行：实验执行是实验验证假设的关键环节。人工智能可以利用自动化机器人、传感器和图像识别等技术，实现实验的自动化操作、数据采集和处理，如自动化液体处理、样品制备等，特别是可以减少人为错误，提高实验的重复性和精确度。

实时数据分析：人工智能可以利用大数据分析算法、物联网技术对实验数据进行实时分析，并使用数据可视化工具生成可视化的分析结果，实时监控实验进程，快速识别异常或趋势。实时数据分析可以帮助科学家快速了解实验结果，并对实验进行调整。

实验结果预测与解释：人工智能可以利用机器学习算法，对实验数据进行分析并建立预测模型，如使用神经网络预测化学反应的结果，如决策树或随机森林可用于解释实验结果和发现潜在的因果关系。

2. 加速和优化科学计算

除了在假设生成、高效实验等方面有巨大的突破外，AI 在加速和优化科学计算方面的应用也已成为推动前沿科学研究的关键因素。这主要包括加速数据驱动、加速物理驱动及加速数据和物理融合驱动的科学计算。

加速数据驱动的科学计算：AI 主要通过机器学习、深度学习等算法进行数据预处理、模型训练、模型应用等，在数据中识别模式和趋势，加速数据处理和知识提取与科学发现，如 AlphaFold 就是基于深度学习训练模型来预测蛋白质结构，实现了对蛋白质结构的高精度预测。

加速物理驱动的科学计算：AI 主要通过算法融合改进、并行计算、多尺度建模、硬件加速等方法来改进和加速传统物理计算方法，从而达到更高精度的物理计算水平，如 PINNs 作为一种深度学习方法，它将物理定律（如微分方程）直接嵌入神经网络的训练过程中，可以在数据稀缺的情况下提供更准确的预测，帮助提高模型的泛化能力，并提供物理上可解释的结果,在流体动力学和材料科学中已有广泛的应用。

加速数据和物理融合驱动的科学计算:AI 主要通过结合数据驱动和物理驱动的混合模型等方法优化与加速科学计算,这种方法结合了深度学习的数据驱动能力和传统分子动力学的物理驱动原理,既增强了科学计算的精度与速度,又能确保计算结果的物理可靠性与可解释性,如 DeePMD 工具训练模型从大量的原子配置数据中学习,同时将物理知识(如守恒定律)融入模型。这样的数据和物理融合驱动的科学计算对于复杂系统和大规模系统研究是十分重要的,目前 DeePMD 工具已广泛用于研究各种材料的原子结构、化学反应过程、材料性能等。

(四)AI 驱动技术攻关

技术攻关相比于假设、实验与数据创新,存在着高度碎片化、专业化与差异化的特点,不同领域的技术攻关在生产流程、工艺、产品类型、原材料上存在较大差异,但 AI 基于机器学习和模式预测等算法,可以在生产制造、产品设计、质量控制、组织创新等维度打破通用的技术壁垒,面向技术攻关的多样化场景,极大地减少技术攻关的成本,加快技术创新的效率。

1. 智能制造与自动化生产

智能化生产计划:AI 能够分析历史生产与销售数据、产品市场趋势和供应链状况,精确预测产品需求,优化生产计划,提高生产效率,减少库存压力。

预测性维护:AI 通过监测设备传感器数据,预测设备可能的故障与设备寿命,实现预测性提前维护,减少停机时间,提高设备利用率,如 AI 在智能能源管理中的应用,就是利用 AI 分析设备能耗数据,实时调整设备运行模式,降低高峰时段的能耗,优化能源管理。

智能机器人和自动化生产线:应用机器学习和视觉识别技术,实现智能机器人的自主决策和自动化生产线的优化,提高生产线的柔性和适应性。基于 AI 的自动化生产线解放了简单的重复劳动力，智能机器人和自动化生产线已广泛应用于工业领域生产线，并为智能工厂的规划与建设奠定了基础。

2. 优化产品质量控制与服务体验

计算机视觉质检：利用计算机视觉和图像识别技术，实现对生产线产品质量的实时监测和自动检测，检测并识别潜在的缺陷，提高产品质量，降低次品率。

智能客户服务：利用自然语言处理与机器学习技术，使用 AI 驱动的虚拟助手和聊天机器人提供个性化、实时的客户服务，优化客户体验，提高客户满意度，当前较多应用于智能在线客服服务。

个性化推荐系统：基于用户行为和偏好数据构建智能推荐系统，为客户提供个性化的产品和服务推荐，提升购物体验的同时也促使提供方不断改进和创新服务模式。

3. 创新组织管理与战略决策

数据驱动的组织决策：利用大数据和机器学习技术，对组织内部和外部数据进行分析，支持智能决策制定，提高决策的准确性和效率。当前较多用于人力资源与风险投资领域。AI 将作为组织决策者之一，通过观察、识别和分析多个变量对于投资结果的相互作用，尽可能地弥补人类在决策空间中忽略的元素与联系。①

战略规划与市场预测：AI 能够通过对市场数据整合分析，包括消费者行为、经济指标等，发现隐藏在海量数据中的模式与关联。建立预测模型、分析竞争对手、监测实时数据、细分个性化市场、预警与管理风险等方法，使得组织能够更敏锐地洞察市场动态，提前应对潜在挑战，优化决策过程，

① Burridge N. Artificial Intelligence Gets a Seat in the Boardroom: Hong Kong Venture Capitalist Sees AI Running Asian Companies within 5 Years[EB/OL]. (2017-05-10)[2024-02-19]. https://asia.nikkei.com/Business/Artificial-intelligence-gets-a-seat-in-the-boardroom.

从而增强竞争力和战略执行效果，为未来决策提供支持。

人才管理与培训：使用 AI 辅助招聘工具，包括通过优化招聘广告、自动筛选简历、智能面试评估等提高招聘效率与招聘质量；通过分析员工绩效和学习经历，包括员工工作表现、员工培训反馈等，了解员工的客观表现、知识储备和学习偏好，制定个性化的培训计划，激发员工潜能。

三、人工智能驱动的场景应用

近几年来，在深度学习等 AI 技术的推动下，从预测天气和蛋白质结构到模拟星系碰撞、设计优化核聚变反应堆，再到赋能生物制药、芯片、材料、工业制造等产业领域创新，AI 已经在多个领域场景中取得了令人瞩目的创新成效，并形成了强大的人工智能驱动的场景应用（AI for fields）能力。

（一）"AI＋物质"领域场景

物质科学的核心任务在于创造新物质。通过深入研究不同尺度下的物质结构、运动规律以及相互作用规律，物质科学为开发特定的新物质、新物种、人造无机物，以及合成有机物甚至生命体提供了广泛的研究领域。在物质科学的研究中，AI 发挥了关键作用。AI 在物质的结构分析、分离技术及反应机理等核心问题上，为科学家提供了新的方法和开拓创新的途径。接下来的讨论将聚焦于材料研发、药物研发和化学合成领域，以阐述 AI 在这些领域中的重要贡献。

1. 材料研发

材料，被赋予"工业骨骼"的称谓，在工业发展中扮演着基础性和先导性的角色。材料科学与技术的进步为各个行业的技术进步提供了巨大助力。随着先进制造、新能源、消费电子、航空航天等行业的快速发展，对新材料研发的要求变得更加严苛。材料性质的研究通常可分为物理性质、化学性质和力学性质三类。

从微观到宏观,材料的设计和工艺面临一系列关键科学问题。然而,由于算法和平台的不成熟、数据库的不完善以及计算资源的限制,传统材料研发仍然依赖经验和运气,难以实现真正的突破。历史上,许多材料是偶然被发现的,如著名的不粘涂层、高分子聚合物聚四氟乙烯。目前,新材料的研发主要仍依赖实验试错。材料科学是跨学科领域,需要结合物理学、化学和工程学等知识,从原子和分子水平出发,根据需求优化和设计。然而,由于材料的空间结构复杂,涉及多个尺度的结构特征;材料的组成成分复杂,在多个尺度存在不均匀分布;工艺复杂,工艺要求特异性高,成本高且耗时。因此,需要将计算和实验结合,缩小材料创新的搜索空间,才能加速材料创新进程。

AI 可以从第一性原理出发,预测材料成分分布和微观结构的多尺度特征,并整合现有材料的数据库、专家知识和人工智能方法。在宏观层面、微介观层面、原子/分子层面及电子层面,AI 已在材料研发、材料性能预测和材料性能优化等方面取得创新突破(详见表 6.1)。

表 6.1　AI 驱动材料领域场景创新示例

问题尺度	领域靶点	示例
电子层面	电子耦合,载流子输运,电子激发态,强关联作用	· 研究二维纳米结构系统中的电子传输特性 · 创造更精细的电子密度和相互作用模型
原子/分子层面	相变,离子迁移/扩散,多尺度缺陷,原子间相互作用,能量密度,力学性能,能量输运	· 对非晶态物质的复杂相变行为进行模拟分析 · 探索电极反应基本机制 · 分析晶体中缺陷形成原理 · 对材料的强度进行定量估计和预测 · 研究材料的力学性能与其微观结构之间的关系

续表

问题尺度	领域靶点	示例
微介观层面	微纳尺度力学，流体流变问题，界面优化和设计，固化过程，缺陷表征	·高精度模拟材料界面的热传导过程 ·设计和构建材料的微观结构 ·模拟材料在微观和介观尺度上的结构演变 ·研究材料对外部场(如电场、磁场、应力场)反应
宏观层面	工业仿真，良率提升，工序优化，溶液渗透	·实施工业物联网系统 ·多物理场耦合综合分析

资料来源：根据《科学智能(AI4S)全球发展观察与展望(2023 版)》整理。

2. 电池能源

电池研发的特点包括多场景、多尺度和多技术栈。随着消费电子、新能源汽车和储能等需求的急速增长，产业对电池性能提出了更为多样化的要求，对新型电池研发的需求正在迅速扩大。电池研发的核心挑战在于在低成本条件下提高安全性和能量密度。过去，传统的实验方法在研发中投入较大，周期较长，难以实现快速的试错验证和迭代过程。传统的计算模拟方法中，基于量子力学的计算受到计算量的限制，计算规模局限在数百原子，时间尺度和统计能力方面存在明显不足；而基于分子动力学的计算模拟则面临着准确率低、参数调整难度大等问题。AI通过生成具有第一性原理精度的跨尺度物理模型，可高效解决不同规模体系下材料的结构和反应动态过程，更贴近真实应用场景，能有效指导工艺生产(详见表 6.2)。

表 6.2　AI 驱动电池能源领域场景创新示例

<table>
<tr><th colspan="2">研究对象</th><th>领域靶点</th><th>示例</th></tr>
<tr><td rowspan="5">负极</td><td>石墨</td><td>嵌锂的微观和介观机制;天然石墨存储性能差</td><td rowspan="5">反应路径/扩散机制/相变机制/枝晶生长机制探索,揭示反应机理</td></tr>
<tr><td>纯硅</td><td>低首效,循环过程中体积反复膨胀收缩导致的颗粒粉化;相应电解液质的开发</td></tr>
<tr><td>氧化亚硅</td><td>低首效</td></tr>
<tr><td>硅碳复合材料</td><td>硅碳混合比例及颗粒形貌对体积膨胀的影响;提高硅含量面临挑战;硅材料和碳材料脱嵌锂过程的交互关系</td></tr>
<tr><td>金属锂</td><td>锂枝晶生长的微观机制和调控策略;锂枝晶生长和 SEI 膜生长的竞争协同机制;相应电解质的开发</td></tr>
<tr><td rowspan="6">正极</td><td>三元材料</td><td>锂镍混排的综合影响;各种过渡金属元素的作用和组成调控;颗粒内和颗粒间的裂纹生长机制</td><td rowspan="6">搜索新的正极材料体系和结构,为新一代正极材料的快速发现提供理论和计算支撑,解析材料失效过程的具体微观机制</td></tr>
<tr><td>磷酸铁锂</td><td>充放电过程相分离的微观机制和调控策略;碳包覆和纳米化的作用机制和替代方案</td></tr>
<tr><td>钴酸锂</td><td>高电压下的过渡金属溶出、释氧、表面相变和 CEI 生长、脱锂末端 O_3/O_1 滑移相变的微观机制和抑制策略</td></tr>
<tr><td>尖晶石锰</td><td>锰溶出问题;Jahn-Teller 效应的调控</td></tr>
<tr><td>富锂锰基材料</td><td>释氧导致的结构不稳定、循环过程较快的电压降和较高的容量损失、阴离子氧化还原的微观机制</td></tr>
<tr><td>硫正极</td><td>硫在转化成 Li_2S_x 过程中会产生多硫化物,溶解在电解液中</td></tr>
<tr><td rowspan="3">电解质</td><td>液态</td><td>高电压下电解液的氧化分解;和锂金属体系、硅负极体系的匹配性</td><td rowspan="3">解析材料的电子结构和几何结构,确定原子成键信息和排布情况,明确扩散机制</td></tr>
<tr><td>高分子聚合物</td><td>锂离子传输速率和途径以及配位环境的研究</td></tr>
<tr><td>固态陶瓷</td><td>不同掺杂元素对陶瓷材料结构的影响,以及对锂离子传输速率和途径的影响</td></tr>
<tr><td rowspan="4">电芯</td><td>方形</td><td>保证散热,维护电池的安全性</td><td rowspan="4">电芯尺度设计</td></tr>
<tr><td>软包</td><td>及时的热扩散保障电池的安全性</td></tr>
<tr><td>刀片</td><td>刀片电池由磷酸铁锂材料构成,低温性能差</td></tr>
<tr><td>圆柱</td><td>能量密度的提升,对 BMS 的要求</td></tr>
</table>

资料来源:根据《科学智能(AI4S)全球发展观察与展望(2023 版)》整理。

(二)“AI+生命”领域场景

生命科学的核心是延续生命,提供肌体赖以存活的物质基础,改善生命体的功能、质量,如医学和农学的关键任务就是关注生物体的时空进化。AI 为生命科学进步提供了更多可能和多元进路,基于海量生物数据的研究有助于基因组学、分子生物学、疾病研究等取得突破性进展,可推动生命科学朝着可定量、可计算、可调控和可预测的方向跃升。

1. 生命科学

1957 年,美国神经学家弗兰克·罗森布拉特(Frank Rosenblatt)提出了感知机(perceptron)模型,该模型以生物神经细胞为启发,为神经网络模型和现代深度学习算法奠定了基础,使生物学在某种程度上成为现代人工智能的“启蒙老师”。近期,AlphaFold2 在 CASP 比赛中取得了显著的成功,成功解决了生物学家长达 50 年之久的蛋白质折叠问题,使得人工智能仿佛成为生物学问题的“最优解法”。半个世纪以来,AI 的发展与生物学研究一直紧密相连。2021 年,DeepMind 创始人戴密斯·哈萨比斯(Demis Hassabis)创立并担任 Isomorphic Labs 的 CEO,他在公司愿景中表示:“如果数学是物理的语言,那么生物可能是 AI 语言最完美的描述对象。”在过去的十多年中,大量基于机器学习和深度学习的基因调控理解方法涌现,AI 也在推动药物研发和个性化医疗领域取得新的突破。人工智能在生物学机制研究、疾病筛查、检测和治疗方面的作用日益显著。

在探索生物机理的过程中,战胜疾病的关键在于对生命机制规律的深入理解,而基因的主要研究焦点是基因序列与基因表达水平的关系。在传统的序列-功能对应研究中,如何高效全面地整合和解释包含在如此长区段内的 DNA 信息,一直是传统实验和计算方法所面临的重大挑战。随着深度学习的不断发展,特别是自然语言处理模型的不断完善,AI 逐渐成为基于 DNA 序列建模的强有力工具。除了 DNA 序列外,DNA 在细胞核内的组织方式及折叠状态也会对基因的表达产生影响。由于特定的折叠方式,某些基因不可读取,而其他基因则可以与蛋白机制结合,从而进行基因表达。AI 也被应用于 DNA 折叠的预测。在 2020 年,凯瑟琳·波拉德(Katherine Pollard)研究组发表在 *Nature Methods* 上的研究显示,他们利用卷积神经网络模型 Akita,通过输入 DNA 序列,准确地预测了基因组的三维空间结构,并学习到了对 3D 基因组折叠至关重要的 CTCF 蛋白与 DNA 结合位点方向性的重要性。AI 驱动生命科学领域场景创新的助力不仅仅限于上述几个问题,新的研究范式体现在现代生物学研究的各个方面。随着生命科学步入多组学和数据加速猜想的时代,AI 广泛应用于基因组学的所有环节(详见表 6.3)。

表 6.3　AI 驱动生命科学领域场景创新示例

研究对象	领域靶点	示例
DNA 序列	鸟枪法测序,二代测序,三代测序	·变异位点检测 ·DNA 序列功能注释 ·DNA 序列预测特定性状
DNA 的化学修饰、DNA 开放程度、组蛋白的分布和化学修饰等	BS-Seq, DNase-Seq, MNase-Seq,ATAC-Seq,ChIP-Seq 等	·表观遗传标记预测及染色质状态判断 ·数据降噪 ·基因组三维空间结构预测
RNA 及 RNA 的转录后修饰	Microarray,RNA-Seq,scRNA-Seq, GRO-Seq 等	·编码蛋白及非编码蛋白转录本分类 ·基因表达量分析 ·RNA 预训练大模型
蛋白质	MS, MS/MS, LCMS, MALDI-TOF 等	·蛋白设计 ·蛋白质结构预测 ·蛋白功能预测 ·蛋白-蛋白相互作用 ·蛋白药物相互作用
代谢通路及代谢产物	MS,LC-MS 等	·代谢产物分析

资料来源:根据《科学智能(AI4S)全球发展观察与展望(2023 版)》整理。

2. 药物研发

新药研发的投入产出比近年来呈现出越来越低的趋势，药物研发的成功率低，主要来自于靶标与疾病的关系探索难度大、靶标成药难度高和药物分子的开发难度大等几个方面。制药在过去面临一些技术瓶颈，尤其是纯粹数据驱动的 AI 在药物研发中的准确性较低。AI 驱动药物研发则提供了新的解决方案，越来越多的药企开始将 AI 应用至药物研究全链条，包括早期生物学研究—药物的发现与优化—临床前验证—临床研究中的多个环节(详见表 6.4)。

表 6.4　AI 驱动药物领域场景创新示例

<table>
<tr><th colspan="2">研究对象</th><th>领域靶点</th><th>示例</th></tr>
<tr><td colspan="2">早期生物学研究与评价体系建立</td><td>疾病与靶标的相关性，明确可供开发的蛋白质靶标、相关的评估模型和生物标志物</td><td>· 利用组学数据，在 AI 辅助下寻找规律，初步筛选出潜在可选靶标和生物标志物</td></tr>
<tr><td rowspan="2">蛋白质结构解析与可药性位点确证</td><td>靶蛋白建模与解析</td><td>获得可靠的蛋白质三维结构或解析其动态行为</td><td>· AI 蛋白质折叠、电镜图分类、基于电镜密度图的分辨率优化</td></tr>
<tr><td>结合位点确证</td><td>找到能影响靶蛋白在与疾病相关的信号转导通路中发挥功能的且适合药物分子结合的关键位点</td><td>· AI 学习已知蛋白结合位点特征，对新的靶蛋白的潜在位点进行预测
· 通过 AI 提高分子动力学采样效率(寻找蛋白质结合位点)，以缩小实验验证范围并降低盲目性</td></tr>
<tr><td rowspan="2">候选化合物的发现与优化</td><td>苗头化合物发现</td><td>找到能影响靶标蛋白生物活性的化合物，在此基础上通过系列的评估与优化，确定进一步推进的先导化合物</td><td>· 利用 AI 技术，将主动学习、底层程序高性能优化与传统对接软件结合，加快计算筛选药物的速度
· 基于 AI 预训练模型提高对分子的表示能力，改进搜索效果，最终富集阳性分子供实验验证</td></tr>
<tr><td>活性优化</td><td>优化分子的亲和力</td><td>· 利用自由能微扰等方法，结合 AI 优化其力场或电荷表示方式以优化精度
· 结合 AI 主动学习策略提升计算通量</td></tr>
</table>

续表

研究对象		领域靶点	示例
候选化合物的发现与优化	成药性优化	在分子的药效、理化性质与药代动力学性质、毒理学性质中找到平衡,确定 PCC	• 利用 AI 预训练模型提高对分子的表示能力和基于小样本的学习能力,实现更好的预测效果 • 结合自由能微扰(FEP)技术,找到亲和力没有显著变化的情况下成药性得到优化的分子
临床前验证	工艺优化	优化制备工艺、控制杂质含量以满足监管和注册的要求	• AI 合成路线设计和优化
	晶型确证	确证分子晶型以满足成药性要求和监管要求	• 第一性原理晶型预测
	剂型确证	确证分子剂型以满足成药性要求和监管要求	• AI+分子动力学模拟预测稳定剂型
	多种属验证评价	在不同动物种属上做药效学、药代动力学和毒理学评价,以满足监管和注册的要求	• AI 预测药物在人体可能的药效学、药代动力学和毒理学等,乃至预测临床试验的首次给药剂量,最大化发挥多种属验证评价获得的宝贵实验数据的价值
临床阶段上市阶段		设计临床方案和入组标准,基于人体实验确证药物的安全性、有效性、剂量和周期等信息	• 借助 AI 对病人筛选招募,处理临床数据和方案设计,流程管理

资料来源:根据《科学智能(AI4S)全球发展观察与展望(2023 版)》整理。

3. 农业育种

在农业领域,研发出在恶劣环境中具有抗逆性且高产特性的作物,通常需要花费几年甚至数十年的时间。在传统的科学育种阶段,科学家主要依赖经验并把统计学、数量遗传学和杂交育种策略应用到优良品种选育中。尽管在这一过程中产生了大量数据,但依赖人工智力和实验的力量很难解决当前面临的问题。随着 AI 的发展,一方面,可以快速积累有关植物基因型和表型的大数据;另一方面,可以借助深度学习方法来探索作物基因与表型之间的关系。这可能实现对作物调控基因的快速挖掘，以及对表型的精准预测。AI 的引入结合合成生物学的发展，有望助力科学育种取得更大的突破和进展。

（三）“AI＋社会”领域场景

社会科学的核心在于研究和理解人类的社会行为、社会结构以及社会系统。比起自然系统，社会系统的复杂性在于“人”的因素。传统的社会科学依赖于个案研究、抽样调查与宏观分析等局部简化的方法开展研究，在面向日益复杂的社会问题时显得“力不从心”。AI 可以为社会科学提供数据与方法支撑。在数据上，AI 不仅可以收集更大规模、更深层次的经验数据，还可以将看起来不可测量的变量进行特征提取，形成可测度变量，如人的情绪、人与人之间的社会关联等变量；[①]在方法上，AI 除了可以优化社会科学领域常用的调查研究、文献研究、比较研究等，也可以通过抓取变量之间的基本属性与关系，实现模型的准确构建，探索社会结构与过程的一般模式。同时，当 AI 作为社会科学领域的一个要素时，许多新交叉社会学科方向与趋势也相应萌发，如智慧政府管理学、机器心理学、智能心理学等。从历史经验和发展规律出发，可站在社会科学视角，研究人工智能给社会带来的巨大冲击和影响，探讨 AI 的边界和社会问题的解决。[②]

1. 经济学领域

人工智能改变了经济主体行为与经济运行方式，也改变了经济学研究范式。现代经济学的主流研究范式是实证研究，即以数据为基础推断经济

① Fazio C, Guzman J, Stern S. The Impact of State-Level R&D Tax Credits on the Quantity and Quality of Entrepreneurship[J]. Economic Developmant Quarterly, 2019, 34(2):1-40.

② 高奇琦. 人工智能的学科化：从智能科学到智能社会科学[J]. 探索与争鸣，2018(9)：84-90，141.

变量之间的逻辑关系，特别是因果关系，从而揭示经济运行规律。[①] 首先，AI 可以改进理性经济人的假设，在实验经济学中将人的有限理性不断缩小至可忽略的地步，生成更准确、更有效的资源配置和评估方案等。其次，计量经济学作为经济实证研究最主要的方法论，一直存在着“维数灾难”的局限性。传统计量经济模型一般使用小模型，采取主成分分析、因子模型等降维方法。AI 可以使用高维参数模型，允许模型参数有时变性，显著减少模型偏差。但由于 AI 的不可解释性，需明确数据来源、加强模型验证来确保模型精确度。

2. 教育学领域

教育学是凭借个人经验和意识形态来做出政策选择的独特领域，“人”的要素在教育领域显得尤为重要。由于 ChatGPT 等生成式人工智能的出现，AI 不仅改变了教育客体与教育主体，也改变了教育方式方法、教育目标等。在教育研究尺度上，早期教育研究基本集中在中观尺度，一般通过观察、调查问卷等方法对小样本进行探索，主观性强、耗时长、可信度较低。AI 可以让教育尺度往极小与极大延伸，快速收集规模大且颗粒度细的数据，帮助研究者更科学地开展教育实证研究。在研究模型构建上，早期教育研究依然存在经验导向、数据单一、变量不可测度等问题，AI 可以利用深度学习等算法引入多模变量，模拟现实环境，使得教育研究更具系统性与建设性，促进教育学研究反哺教育政策改革。在教育研究伦理上，生成式人工智能拥有一定的自主性和文化价值，使得“培养什么人、怎样培养人、为谁培养人”等传统教育问题受到极大挑战。应持续探讨技术与教育的关系、人机交互安全等重要问题，使得 AI 为教育持续深度赋能。

3. 公共管理学领域

安东尼·吉登斯（Anthony Giddens）说，技术变革既是公共管理问题

① 洪永淼，汪寿阳. 人工智能新近发展及其对经济学研究范式的影响[J]. 中国科学院院刊，2023，38(3)：353-357.

域转移的重要驱动力量,同时也显著改变了公共管理研究的方法论。[①] AI驱动的大规模公共管理数据与多维模型使得社会治理和公共管理理念与方法发生了重大变革。大数据打破了属地管理边界,改变了政府的管理体制、政府架构和管理方式,甚至将重构公共管理者的治理逻辑与方式。一方面,AI可以通过数据特征提取、数据生成等方法使得数据颗粒度变细,更科学地研究公共管理领域相关变量的关系与趋势,例如,苏珊·卡尔顿·阿西(Susan Carleton Athey)和吉多·W. 因本斯(Guido W. Imbens)将分类回归树引入因果识别框架中,[②]使得因果推断尺度从估计平均因果效应发展到估计个体因果效应,从而来考察异质性的因果效应。在公共政策中引入异质分析是非常必要的,这有助于厘清公共政策的不同利益方,AI可以使模型构建更接近真实的公共管理环境。另一方面,在公共政策制定中,AI模型能够处理和分析大量政治文本和公共数据,形成决策生成与预测,已经被广泛用于公共管理中的选举预测、公共意见分析和政策制定的优化等。

AI从驱动科学研究、加速科学发现、解决科学问题出发,不断拓宽至技术攻关、产业应用与场景开发等创新领域,通过将科研成果应用于现实问题,AI正在更广泛的社会经济政治领域内不断给人类带来惊喜。

---

① 安东尼·吉登斯. 现代性的后果[M]. 南京:译林出版社,2000:133.

② Karagiorgi G, Kasieczka G, Kravitz S, et al. Machine Learning in the Search for New Fundamental Physics [J]. Nature Reviews Physisc, 2022(4):399-412.

第七章　多学科交叉会聚加快驱动创新范式转型

当前，以智能化为核心的第四次工业革命大幕已经拉开，对产业结构、科技发展、生活方式、世界格局产生影响的广度和深度远超前三次工业革命。2018 年 7 月 26 日，习近平主席在金砖国家领导人第十次会晤会议上指出："如今，我们正在经历一场更大范围、更深层次的科技革命和产业变革。大数据、人工智能等前沿技术不断取得突破，新技术、新业态、新产业层出不穷。"①我国科技事业发生了历史性、整体性、格局性重大变化，成功进入创新型国家行列。站在新的历史方位上，从多学科交叉会聚的角度科学研判第四次工业革命的核心驱动力和创新范式转型问题，对于清晰认识全球宏观形势变化、优化国家创新体系、前瞻布局科技重大方向、谋求中长期发展战略主动等都具有重大意义。②

---

① 习近平. 在金砖国家领导人约翰内斯堡会晤大范围会议上的讲话[N]. 人民日报，2018-07-27(3).

② 吴朝晖. 以重大应用需求牵引基础研究的科技创新路径研究报告[R]. 杭州：浙江大学，2020-07-03.

一、传统学科体系和创新组织方式无法适应第四次工业革命需求

不同于前三次工业革命是从单一领域率先突破，由量变到质变循序渐进的过程，第四次工业革命是席卷所有学科、所有领域、所有行业的全方位爆发，其核心驱动力在于更大程度上依赖多学科、多领域、大跨度、深层次的交叉渗透和跨界融合。因此，尽管历次工业革命均由知识发展所驱动，也都不同程度上实现了创新范式和组织结构的变革，但在第一、二次工业革命期间奠定基础，在第三次工业革命中延伸的传统学科体系和创新组织方式，已经无法完全适应第四次工业革命需求，将面临技术社会化、研发工业化、创新网络化趋势所带来的全方位挑战。

（一）交汇性技术不断涌现

从技术迭代的角度看，第一次工业革命以蒸汽机的大规模使用为标志，把工场手工业带入机器化大生产时代，但技术应用多局限于轻工业领域。第二次工业革命以电力的广泛使用为主要标志，驱动蒸汽时代进入大规模批量生产时代，引发流水线生产范式和工业“重型化”过程，自此产生了垄断大公司和全球资本运作。第三次工业革命以电子信息技术为标志，工业生产实现信息化、自动化，并出现了信息、原子能、空间等新技术，技术领域得到极大拓展。第四次工业革命以智能化为显著标志，在信息、生命、物质三大学科领域进行充分交叉融合，不断涌现出新技术、新方向，无处不在的计算、物联网、大数据、人工智能、机器人、区块链等将对所有行业生产率产生巨大影响。

物理世界、数字世界和生物世界之间的界限日益被消除，意味着技术与社会的全方位、多维度融合。以往相互疏离的传统学科体系和泾渭分明

的创新组织方式割裂了知识之间本来普遍联系的状态，公式化、定义化解决问题的思维已难以应对创新范式变革下愈发复杂的现实需求与解决多重知识交织的前沿难题。学科间的对话与合作是学科内在发展的长久之计，知识移植、理论重构、资源共享将成为必然，如临床侵入式 3D 运动控制闭环脑机接口系统研发就需要同时借助人工智能、计算机科学、信息与电子工程学、脑科学、神经科学等多学科的知识。各个学科的交叉点成了科学技术发展的新的生长点，在不同学科的交叉与融合过程中可以产生很多重大的理论突破和新的研究发现。

（二）突破性跃迁引领发展

从科技进步的角度看，第一次工业革命从 18 世纪 60 年代到 19 世纪 40 年代，延续约 80 年时间，并且从英国逐步扩展到欧洲大陆和北美地区。第二次工业革命从 19 世纪 60 年代后期到 20 世纪初，延续约 50 年时间，影响范围从欧美扩展到东亚等地区。第三次工业革命源起于 20 世纪 40—50 年代，其最显著的发挥作用的时间大约持续 30 年，主要发端于美国和苏联，并基本上扩展到了全世界。第四次工业革命发轫于 21 世纪之初，虽然不确定此过程将持续多长时间，但可以肯定的是其发展速度是呈指数级增长的，表现为不断产生突破性的技术跃迁，其影响将具有全方位、全球性和颠覆性特征。

这次工业革命不再是在单一领域或某一国家率先发生，而是在更大范围、更大程度上实现模块化设计、模块化生产和模块化消费，后发企业和国家因而打开了由技术突破所带来丰富的“机会窗口”。从前，仅靠“单打独斗”即可完成创新事业，偶有合作完成的发明大多出于自发或松散的组合，甚至可能是基于血缘关系而非攻关需要的合作，如共同发明飞机的莱特兄弟。当前，在现实生活中，创新的全球化越发需要协同联动，强调全球战略、国家战略、区域战略的有机统一，提倡问题导向的有目的地探索，与创新范式迭代升级趋势不相匹配的组织模式很难适应当前的创新形势。

(三)体系性变革持续创新

从社会变革的角度看,蒸汽革命首先带动的是以纺织工业为代表的轻工业发展,电气革命带动的是能源、化工、汽车、电讯、交通运输等重工业发展,信息技术革命促成了以信息通讯技术为核心的服务业壮大,而第四次工业革命带来的智能化革命将实现人、物理世界、机器智能、数字信息世界的四元空间的交融并行,将对整个社会运行体系带来巨大的颠覆性变化。需要注意的是,在科学与技术界限日渐模糊、创新链条各环节之间回环往复特征日渐明显的大背景下,学科前沿、技术迭代、产业落地之间也并非泾渭分明。以政府力量推动大规模科技探索和有组织研发活动不断凸显,科技政策、创新政策、产业政策以及教育、人才等专项政策在各环节、各板块有机嵌入,全社会创新分布式趋势持续发生,创新主体及动力来源日益多元化。

世界各国对未来新兴技术的敏感度与对创新机遇的关注度空前提升,研发环节既面向关键核心技术攻关,同时着眼于长远布局实现源头技术的突破积累。历史上的工业革命成果往往由兴趣或者好奇心驱动,以新知识发现、新技术研发或新工艺设计为终极目的,主要凭感觉或靠不断试错形成,正如我们所熟知的瓦特改良蒸汽机、爱迪生发明灯泡;也可能源于某一个专业的知识支撑,如自行车的问世与机械专业知识息息相关。传统模式下基于群众性的研发模式往往没有确定的科学理论指导,更多依赖经验主义,所以成功率不高,未形成能够产业化的样机、原型或解决方案。如今,站在新一轮技术革命和产业变革的重要关口,伴随着科技形式和经济结构的深刻创新与变革,世界各国纷纷加强对未来新兴技术的探索、预见和支持,以掌握技术发展的主动权和话语权,进而抢占创新和经济发展制高点。

总之，20 世纪后期以来，传统学科界限被不断打破，学科间“围栏”逐渐消解，知识大融合渐成大趋势。同时以协同创新方式和集成攻关模式为主的创新范式加速形成，基础研究、技术攻关和应用转化全链条融合的特征日益明显。大范围学科交叉会聚既是新工业革命演进的客观结果，也借助于前沿知识生产而成为新工业革命的核心驱动力，反过来极大推动了前沿交叉领域突破。

二、多学科交叉会聚驱动创新范式转型的基本进路

现有学科范式和技术范式内部难以预见未来的创新样态，尤其面向基础性、关键性领域以及关乎国家发展和人类科技进步的核心技术研究，多学科交叉会聚联合攻关是破题的关键。以自然科学领域诺贝尔奖为例：经粗略统计，1901—1920 年获奖成果中具有学科交叉研究特征的占比约为 19%；21 世纪以来，这一比例增至 40%以上，具体到诺贝尔化学奖，2001 年以来获奖成果中约 2/3 具有学科交叉特征。交叉科学研究日益成为新知识的成长点，加强学科交叉是科学研究发展的重要趋势和方向，促进跨界和学科交叉融合是各国对未来发展方向的共识。多学科会聚与智能化浪潮进一步驱动创新范式进入融合式、全链条创新的新演进阶段，不断产生新的创新方法，并将带来创新的革命性变化与系统性重组，推动科学研究范式、技术攻关范式和技术应用推广范式迭代进阶。

（一）学科交叉会聚驱动学科群落优化重组

一是学科交叉会聚不断构筑新的知识体系。知识的传统分野正在被颠覆，不同学科群之间通过理论移植、知识互鉴、对象转移等打破领域之分，为创新空间拓展和范式创新提供极大可能，信息科学、生命科学、物质科学、地球与环境科学乃至社会科学间的交叉突破蓄势待发。特别是大信

息、大生命、大物质的交叉融合将成为未来创新的主引擎，持续催生前沿性领域并引领新方向，如脑科学与人工智能的会聚有望产生融合智能等具有生物特征的机器智能，医工信结合有可能促成新药创制与医疗器械研发的关键突破等。

二是学科交叉会聚为“卡脖子”难题破解提供新方法。从数次工业革命和英、美等国的崛起历程看，每次基础研究的重大突破都产生了从无到有的科学理论，获得了颠覆性的关键核心技术，带来了生产力革命，如信息科学、生命科学与物质科学会聚孕育了人工生命体与智能细胞、新型生物育种、材料基因组合等重大基础研究热点。当前，国家战略的制定、重大工程的实施越来越需要跨学科、交叉学科研究的凝聚和连接，如面向集成电路、国家治理等一系列战略急需和前沿领域，我国把握学科交叉融合的新趋势，设置交叉学科门类并下设“集成电路科学与工程”和“国家安全学”一级学科，在引领未来科学发展方向上占得先机。

三是学科交叉会聚大力提升创新主体综合能力。交叉会聚的开放性可以推动各类创新主体加快整合创新资源，进一步贯通科技创新体系、产业创新体系和社会创新需求，通过数据开放、信息联通、成果共享，实现和谐共生、共同发展。尤其是高校应对重大创新挑战的能力在推进学科交叉过程中不断加强，而这个过程将全面塑造学科之间、学科簇群之间以及学科内外的创新生态关系。

（二）融合式科学研究范式引领全领域创新

一是科学研究范式进入融合式的新演进阶段。进入 21 世纪以来，移动互联网、大数据、人工智能、云计算等颠覆性科技有望助力形成以融合式为基本指向的科研新范式。新研究范式基于兴趣、应用、数据及算法的混合驱动，有别于之前单一的好奇心驱动、实验研究范式和理论研究范式的应用驱动、数据密集型研究范式的数据驱动。[①] 可以预见，新科学研究范式将促生新创新方法，新创新方法将产生新知识体系，新知识体系将构成新学科体系，新学科体系将需要新的创新结构，如“计算＋实验”日渐流行，极大地推动文理渗透、理工交融，有望形成艺术技术学等新学科。

二是科学研究范式转型面向多线程并进联动创新。在第四次工业革命时代，科学研究范式转型将深度结合实验观察、数学模型、计算机仿真模拟、大数据挖掘等方法，展开多线程并进式的创新，如大数据、深度学习和云计算等手段并用，可为虚实交互提供新方法。新方法直接改变创新主体或科研组织的连接、沟通和合作等方式，让创新过程和创新轨道向更加开放、开源转变，如头部科技公司基于新范式搭建数字创新平台，以分布式创新活动增强满足异质性市场需求的能力。科学研究范式转型推动引领的领域越来越多，将覆盖社会发展的各个方面。

（三）多学科跨界联动催生创新生态系统

一是未来创新将更多以大科学、大工程的形式呈现。不同于以往的单一组织机制、个体探索模式，在学科交叉的驱动下，基础研究、应用研究与产业创新的界限日渐模糊，基础研究包含应用导向和产业需求，应用成果倒逼原始创新和产业升级，产业变革指引着基础研究和应用研究的前沿方向，科学到技术再到产业的单向驱动完全被颠覆。

二是未来创新将实现更多的体系联动贯通。在第四次工业革命时代，科技创新体系、产业创新体系和社会创新体系将进一步贯通，政府-大学-产业-用户“四螺旋”交互驱动的自组织创新网络得以构建，进而形成管理者-研究者-生产者-消费者共生共享、协同创新的生态圈。创新主体合作目标不再局限于应用技术，而是越来越多地聚焦前沿技术领域，并突破以

---

① 吴朝晖．应对变局　开拓新局　以卓越创新引领学校“十四五”改革发展新征程——在浙江大学 2020 年暑期工作会议上的报告[R]．杭州：浙江大学，2020-08-24．

往的校企科研成果转化、校企共建研究机构等传统方式，开始出现更灵活、更开放的合作模式。

三是未来创新将促生多元化分布式创新主体。虽然传统学科体系的规制力量依然强大，但已不能抵消学科会聚的需求逻辑效应，也无法阻碍学科生态体系内部的“裂变”与学科间的“聚变”，高校内部组织体系将面临巨大压力，市场化、集群化、协同性的创新主体活力显著增强。同时，政产学研用各主体都可能成为创新系统中的单元中心，通过线上线下的多种范式实现人、财、物等资源联合及多机构合作，以创新生态网络形式加快推进战略必争领域的科技攻关。

三、信息、生命、物质学科群交叉前沿领域预判

第四次工业革命智能化场景实现的关键在信息、生命和物质学科群之间的交叉会聚，进而带来人类生产生活方式、人与自然关系、人与社会关系等方面的重大变化。

从信息领域看，信息科学的核心是提升计算能力。作为智能化时代底层技术开发的基础，以“计算＋”为核心的信息技术使越来越多的“未来场景”得以实现。信息科学集中应用于人工智能，已成为大数据时代不可或缺的先进工具，在极大增强精准认识自然界和人类自身能力的同时，也将运用强大的场景塑造能力形成新的社会空间，改变社会形态。

从生命领域看，生命科学旨在延续生命周期和提高生命质量，从最基本的物质运动认识出发，围绕生命的适应与进化规律，回答“生命从哪儿来，又要到哪儿去”的终极命题。智能化时代为生命科学进步提供了高通量和自动化手段，使人类通过多元化路径更加精准认知生命、增强或改善有机体状态成为现实。例如，生物技术为“设计—构建—验证”循环模式奠定坚实基础，推动生命科学朝着可定量、可计算、可调控和可预测的方向跃

升。通过探究多种尺度下的物质结构、运动及相互作用规律,为开发特定的新物质、新物种、人造无机物、合成有机物乃至生命体开辟广阔空间。物质科学是材料、能源等重大领域的知识基础,同时为信息技术、国防技术、生物技术等提供强大的物质载体,极大地加速了智能化时代的发展。

因此,信息、生命、物质三大领域共同指向智能化,而其间不断发生多向联动、相互促进的循环关系,催生新的学科体系和创新范式并实现快速迭代,引发微观、宏观、宇观和纳米级层面的重大变革,快速推动第四次工业革命进程,深刻改变着人与社会、人与自然的关系样貌。下面,我们将对信息、生命和物质学科交叉前沿领域的重大方向进行分析。

(一)大信息创新领域

信息技术是智能化时代的关键抓手,它串联所有研究领域,带来范式革命和场景重塑,甚至能把复杂的生命现象、物质结构等化为简约“描述”。随着信息技术不断发展,感知智能可适应性差、认知智能天花板低、通用人工智能发展乏力等问题有望得到解决。人工智能赋能应用的要素包括数据、算力、算法和场景,算力和算法是人工智能的核心,也是当前亟待突破和提升的关键。未来信息科技将在算法方面取得关键性突破,形成可泛化、可协同、可进化、可解释的计算新结构,进一步彰显新一代人工智能的独特魅力。

一是新一代人工智能将在技术属性上体现智慧特征。伴随着脑科学、神经科学以及认知科学的探索与进步,人工智能可以更准确模拟人类的感知、记忆、推理等,从而实现人类与智能机器在物理世界与数字信息世界中更为顺畅自然的沟通,使人类观察和认识世界的尺度更加细小极致,认知工具更加有效,并将为创造精细器物开辟新的方向。

二是新一代人工智能将在社会意义上具有普惠价值。人工智能将推动各行各业从数字化、网络化向智能化加速跃进,让各类智能成果在物理世界和数字信息世界得到更加广泛的应用，在衣食住行医等各个方面改变生产关系、社会结构和人类自身。

三是新一代人工智能将在智能形态上凸显颠覆意义。人类的灵活性、创造性与机器的稳定性、逻辑性可以优势互补，进而推动产生融合智能等具有生物特征的机器智能形态，促进人类社会从主客体间的单一关系转变为主体系统与客体系统间的多元关系，物理世界、数字信息世界的生产力和生产关系、社会秩序等将得到重塑。

信息领域可能的重大交叉前沿方向包括生物以及生态计算系统、类脑计算及新型软件系统、量子机器学习、脑机融合与交互、混合增强智能、微纳机器人及联网系统等。

(二)大生命创新领域

医药、生命科学、信息技术等领域的交叉会聚，推动人类生命健康向着个性化、精准化、微创化、智能化方向发展，生命科学重大原创理论突破已近在眼前。健康、工业、资源、环境、信息等领域交叉融合呈现不断强化的趋势。

一是合成生物学发展引领多领域协同创新。干细胞与再生医学研究在临床应用方面展现出巨大前景，人类细胞图谱计划孕育生命健康领域的巨大革新。人工设计操作生物体的能力不断增强，合成生物技术为解决能源、材料、健康等全球性重大挑战提供新路径，为多领域跨越性乃至颠覆性发展提供机遇。基因测序迈向高通量、高精度、低成本、便携式时代，为深入研究物种进化、作物育种、疾病机制等重要生命科学问题奠定坚实基础。

二是新药创制实现生命科学、医学、信息科学、药学等多学科交叉融合。科研界把基因编辑技术、肿瘤免疫法、人工智能等融入药物研发，形成基于数据驱动的智能药学、基于创新材料的微纳药学、基于多组学整合的系统药学、基于细胞工程的细胞药学等，将有助于解决缺乏原创药物靶点，化合物合成工艺复杂，成药性评价耗时耗力，药物药效差、毒性大等限制创新药物研发成功率的关键瓶颈。

三是精准医学推动药物研发、人工智能、生物技术的交叉融合。脑科学加速与人工智能、大数据、认知科学的互动融合，免疫疗法研究不断在多种肿瘤的临床治疗中取得突破。人类表型组研究是生物医学研究新的突破口，将引领生物医学发展并提高医药行业的创新能力。

生命领域可能的重大交叉前沿方向包括生物与信息融合技术、农业精准育种、未来食品、食品营养物高效运载、基因调控网络、智能药学等新药发现技术、精准诊疗、肿瘤免疫疗法、高端纳米级医疗器械等。

（三）大物质创新领域

该领域的核心是新物质精准创造，通过先行先试会聚研究与融合创新，收到以点带面、从 0 到 1 的奇效，具有重要战略意义与现实紧迫需求。

一是新物质精准创造体现了战略必争的引领效应。根据《科学》期刊统计，15%以上的世界前沿科学问题与新物质精准创造相关。大物质科学的瓶颈容易造成“卡脖子”技术困境，如由于我国高分子合成技术在结构控制方面的不精确性，造成了高端高分子树脂严重依赖进口的局面。近年来，美国加州大学伯克利分校设立“分子创制中心”，旨在打造世界级的多尺度物质研究平台，为“人工光合作用”“次世代能源储存”等多个国家项目提供战略支撑；欧盟成立“欧洲纳米结构高分子中心”，力求以物质创造的源头创新引领新一轮科技变革。

二是新物质精准创造反映了会聚造峰的迫切需求。新物质精准创造涉及物质的结构、分离、反应、放大等核心问题，涵盖了大物质、大生命、大健康等领域，将进一步打破学科界限，整合化学、化工、材料、药学、医学、信息、计算机、生物、生命科学等学科，形成学科会聚发展示范效应，不断促发交叉产生学科新的生长点与增长极，如人工智能药学就是信息学与药学交叉会聚的结果，它极大地推动了创新药物研制，为生物制药行业节省数十亿美元成本，极大地减少了药物研发的“随机性”。

三是新物质精准创造体现了范式转型的必然趋势。基于海量数据的分析计算，新物质精准创造依托大数据研究范式，颠覆既有实验、数学模型、计算仿真等创新方式，为大物质科学的基础研究准备新的方法论、提供新的突破途径。例如，AI 化学是在计算化学的基础上更加强调运用大数据的范式，进而大幅度提升对化学反应机理的研究水平。

物质领域可能的重大交叉前沿方向包括合成生物、生物制造、新材料、材料计算、材料大数据、多尺度微结构精密加工、高端半导体材料及未来芯片、智能化核心器件等。

四、重点交叉前沿领域动态研判与增进机制：以人形机器人、合成生物学、量子信息为例

当今世界，前沿领域和颠覆性技术不断涌现，重大科技创新突破处于爆发前夜。研判前沿领域的发展趋势和重点方向，在尽可能早的时间，准确感知和发现前沿技术“引爆点”（技术走向特定领域初步应用的时间点）和“沸点”（技术在特定领域规模化应用的时间点），可为政府部门把握前沿技术发展方向、开展科技战略决策、指导产业发展提供参考与借鉴，为方向布局、学科调整、项目设置等提供参照。

当前人工智能、生物技术迅速崛起，跨学科、跨领域汇聚融通，一批重点交叉前沿领域正在成为“桥接”多个自然科学、工程与应用科学的国家重大战略需求领域，也是未来国际竞争的战略焦点领域。从多学科交叉与多场景互动驱动未来技术与产业发展出发，我们选定人形机器人、合成生物学、量子信息作为典型重点交叉前沿领域进行深入分析，主要基于以下考

量:①三个领域均“桥接”多学科的国家战略需求;②三个领域均具有极强的创新引领力;③三个领域均具有市场应用潜力,部分方向处于市场应用的萌芽或者成长期,有望实现“超车”。[①]

交叉前沿研究的方向、路径具有不确定性,科技方向格局快速变化,加之资本运作影响,使方向规划难度不断提升;不同领域的问题层次、体例、重要性不尽相同,很难用一个标准衡量。对重点交叉领域科技前沿方向进行研判,需要科学的研究方法,既要定量定性结合的文献计量分析和国际比较研究,也要依靠战略科学家的前瞻视野和判断。因此,我们依托领域专家组的专业分析,从定性角度提出交叉前沿方向;辅以多种开源数据(战略规划、基金项目、论文、专利和产业报告等)文本挖掘结果,综合定性与定量识别的结果,经过多轮研判交叉迭代,最终凝练形成了人形机器人、合成生物学和量子信息三个领域共计十余个交叉前沿方向。

以上述三个典型重点交叉前沿领域为基本单元,瞄准多场景创新和全链条创新的科技创新基本过程,尝试提出推动交叉前沿方向快速做大做强、落地转化,并提高创新及产业竞争力的路径,即所谓“增进机制”。重大领域交叉前沿研判是科技、创新、产业动态循环的初始,其科学性、前瞻性直接决定了“增进机制”的有效性;从交叉前沿到破除技术瓶颈并形成完整的技术体系,犹如跨越成果转化的“死亡之谷”;从技术体系到具有广泛市场和全球竞争力的产业领域,则是“增进机制”的最终落脚点。“增进机制”逻辑脉络如图 7.1 所示,我们所关注的三个领域都具有极强的交叉属性,也是目前倍受关注的具备孕育多项颠覆性技术的前沿领域,它们能实现多学科交叉与多应用场景贯通,可快速进入成果转化、产业壮大和竞争力成长的增进通道。

---

① 本部分观点源自吴朝晖.重点交叉前沿领域动态研判与增进机制研究报告[R].杭州:浙江大学,2023-07-18.

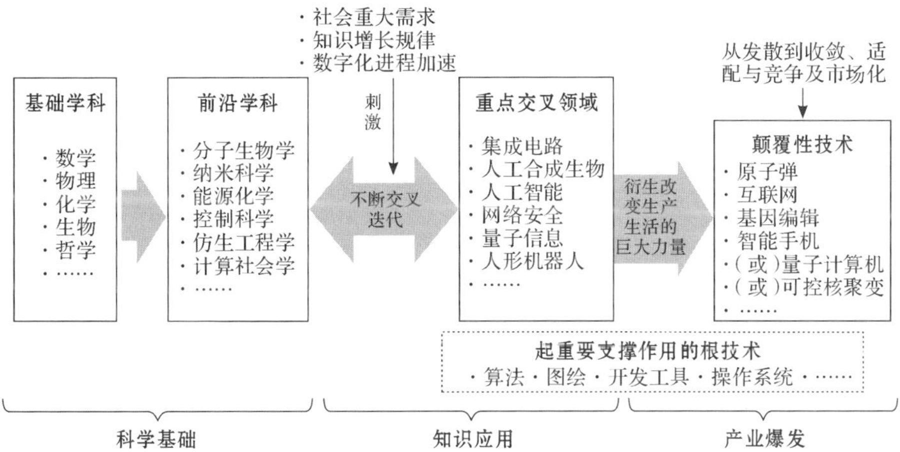

图 7.1　"增进机制"逻辑脉络

（一）人形机器人领域

人形机器人集成多项前沿技术，是极具潜力的未来产业。马斯克认为，人形机器人数量未来可能超过人类，其长期价值甚至将超越汽车产业。随着类通用人工智能的迅速崛起，以及跨学科、跨领域汇聚融通，全球人形机器人技术和产业发展迎来新机遇。以 ChatGPT 为代表的类通用人工智能已成为塑造数字内容生产与革新人机交互范式的新增长点，并逐渐与各领域交叉融合，加速形成了基础层和应用层的技术突破点。在基础层，类通用人工智能将加速训练机器人大模型与数据迭代，并结合传感、生物、脑科学、新材料等前沿技术推动机器人智能感知和交互决策系统迅速发展。在应用层，类通用人工智能应用于开发垂直化、场景化与个性化模型，形成了机器人无代码编程、对话类搜索引擎、语音陪伴、语音工作助手、对话虚拟人、人工智能客服、机器翻译、芯片设计等新技术。

该领域主要交叉前沿方向包括：一是基于类通用人工智能的智能交互决策大模型，人机交互技术日益革新，将满足情景感知的自动化、实时化和个性化要求,该方向有望创造服务新模式,推动人类社会迈向智能增强时代。二是多模态和跨模态融合感知,该方向是认知人工智能的前沿方向,其应用研究能够进一步推动人工智能从单一感知模式的统计分析过渡到对象及其交互的多方面视图,提高复杂场景和任务中机器人推理和决策能力,满足人类对机器人的使用需求。三是人形机器人的灵巧操作和运动控制,该方向既是人形机器人在多任务地形环境中作业的基础,同时其具有很强的技术-产业关联性,实为人形机器人产业化的"核心卡点"。另外,人形机器人运动控制的核心零部件预计占总成本的50%,减速器、电机和控制系统等模块的核心部件价值量高、技术壁垒较高,需要重点关注。四是仿人结构设计与制造,仿人结构类似人体骨骼,形成人形机器人的内在基本结构,有助于提升机器人对复杂环境的感知能力,促进人机交互的深度融合。同时,该方向技术-产业关联度强,产品设计需定制化生产,需要材料、制造和生物技术协同发展。从科学基础、知识应用与产业爆发三个角度看,我们认为人形机器人领域增进机制如表7.1所示。

表7.1 人形机器人领域增进机制

领域	涉及学科	产业延伸方向	主要出口方向
人形机器人	仿生学、高分子材料、微电子技术、计算机科学、人工智能、控制科学、柔性电子、生物医学、脑科学等	教育培训、心理健康、监护陪伴、康复产业、精密仪器、工业设备、医用假肢、可穿戴设备、智慧医护	智能服务机器人 工业制造机器人 JS机器人

(二)合成生物学领域

合成生物学被公认为是新一轮科技革命与产业变革的触发点,是我国科技创新实现全球赶超的关键领域。目前合成生物学正处于创新成长期,基因测序、基因合成和基因编辑等核心技术的成本下降是推动合成生物行业发展的重要驱动力。在理论层面,大数据、人工智能技术将加速合成生物学研究范式变革，推动理论模型构建。在技术层面，合成生物学底层技术开发快速发展，低成本、高通量测序、基因组编辑等取得重要进展，人工智能技术应用愈发广泛，正实现从认识、改造生命向设计、创造生命的跨越。在应用层面，合成生物学以其构建、控制和编程细胞行为的能力，将在未来农业、环境保护、医药健康等重大场景中发挥重要作用。

该领域主要交叉前沿方向包括：一是人工合成生物系统的理论与模型。合成生物学实验通常时间跨度大、成本高，加上“设计—构建—测试—学习”迭代次数有限，导致预测模型的训练数据极度不足，而人工合成生物系统模型将推动定量合成生物学成为可能，并能产生颠覆性的技术成果。二是复杂基因线路设计及可编程细胞。人工基因回路的构建，能够对天然调控回路进行简单化处理和重新编程，或引入自然界不存在的人造法则，设计符合目标需求的人造生命体，为医药健康、农业环境和工业发酵等领域提供全新的解决方案。三是原生细胞的从头设计与构建。该方向将加速推进细胞因子模拟物、基因治疗递送载体等生物活性物质的开发，有助于解决人工生物系统构建、罕见疾病治疗等难题。四是合成生物元件的智能设计。人工智能技术应用于全新的基因调控元件构建，极大地丰富了可用于工程生物学研究的调控元件库，并将对促进代谢工程、分子育种、基因治疗等领域发展产生深远影响。五是合成细胞与微纳机器的混合智能。该方向对复杂形态模式及集群智能的形成、可编程纳米医学器件的开发等方面研究具有重要意义，且未来将给仿生智能材料、二维三维合成组织以及人工器官等开发带来巨大突破。六是人工多细胞体系和人工微生物组。多细胞性允许细胞类型的特殊化、分化和大规模的空间分布，使复杂生命得以生长，而利用人工微生物组，可从简单的诊疗向预防医学和精准医学转变，预期在器官移植和再生、新研究和疾病模型的建立、遗传和发育新原理的发现等方面取得较大突破。七是基于人工细胞的生命增强。实现细胞的生命增强，是未来对生命体的生长、发育、衰老以及疾病进行人工干预和构建的根本基础。基于人工细胞的生命增强能在民用加密、国防安全等领域大显身手,并逐步扩展到疾病诊断与治疗、药物的合成与递送、工业催化与新能源等诸多领域,为改善人类福祉提供更多可能性。表 7.2 展现了合成生物学领域所涉及学科、产业延伸方向以及主要出口方向。

表 7.2　合成生物领域增进机制

领域	涉及学科	产业延伸方向	主要出口方向
合成生物学	分子生物学、细胞生物学、遗传学、生物化学、食品科学、工程学、计算机科学、大数据、人工智能等	新型材料、生物制药、工业生产、未来农业、未来食品、环境保护、生命科学研究	人工合成生物 可编程细胞 生命增强

(三)量子信息领域

量子信息是量子力学与信息科学汇聚形成的新兴交叉学科,已成为推动科技加速演进的"触发器"和"催化剂",其不仅对加深现代物理学和信息科学基础的理解具有重要意义,在信息处理、复杂系统模拟、精密测量和人工智能研究等方面更具有诱人的应用前景。当前,量子计算赋能其他各学科领域已成为解决算力算法瓶颈,塑造量子信息产业的重要增长点。多数信息技术和互联网公司已致力于研究量子计算,并开发"量子计算+人工智能""量子计算+云计算""量子计算芯片""神经形态量子计算"等多学科交叉的应用场景,试图率先进入量子信息未来产业发展新赛道。

该领域主要交叉前沿方向包括:一是量子信息的多场景生命科学技术开发。运用量子计算,可根据患者类型找到更有效的治疗方法或研究复杂分子的结构,发现用于临床的新药物和材料;量子光源和关联探测技术可解决传统激光脉冲带来的光毒性问题,并提高探测分辨率和灵敏度;量子传感有助于早期诊断和治疗疾病,如特定类型的癌症标记物,量子技术已被定位为医疗领域下一次伟大革命的主角,有望对该行业产生颠覆性影响。二是量子-经典混合算法。混合算法是在近期无纠错的量子处理器中能够实际运行的算法，也是目前最有希望在此类设备中展示量子优势的具有实际意义的算法。三是量子机器学习。该方向是“量子 AI”的重要应用，基于量子数据和量子-经典混合模型两个概念构建而成，借助量子计算的高并行性对传统机器学习进行优化，满足更快速、更准确和更高效的计算和决策需求，具有彻底改变人工智能领域的潜力。四是光芯片与电芯片异质集成技术。通过光电异质集成技术实现芯片间及芯片内光互联，提升光计算芯片光学器件密度，可有效解决微电子芯片金属互联的带宽、功耗和延时等问题，该方向是量子计算和量子测量领域研究热点，也是硅基光电异质集成的产业化薄弱点。五是下一代量子材料开发。该方向为量子计算机、量子传感、量子网络等量子器件提供所需的基础材料，有助于改善量子器件的相干时间、门保真度和其他指标，也是推动量子硬件发展的关键。量子信息领域的多学科交叉会聚、前沿领域预判和颠覆性技术分析情况，详见表 7.3。

表 7.3　量子信息领域增进机制

领域	涉及学科	产业延伸方向	主要出口方向
量子信息	量子力学、光学、材料科学、控制工程、微电子技术、计算机科学、信息科学等	保密通信网络、量子计算、量子城域网、金融、国防和科教应用、量子测量、传感器、军工	量子计算机 量子材料和器件 量子传感器

第八章　创新范式转型引发的创新变革

从历史规律看，每一次创新范式转型的星火都将促动创新变革形成燎原之势。现在，世界又一次站在历史的十字路口，我们正处于创新变革的“前夜”。创新范式转型引发的创新变革将继续向纵深推进，让创新显现出不同以往的交叉性、复杂性和多样性特征，突出表现为信息技术全面渗透到经济社会的各个领域，一些重要科学问题和核心技术日益展现出群体突破的态势，技术创新和产业化的周期明显缩短。如何在创新范式转型中认识和把握这些革命性的变化，已成为当务之急。

一、异质创新主体在更深层面建立创新共同体

在以往的创新范式下，创新的外在发展逻辑趋向于竞合逻辑，即表现为竞争主导下的合作、合作基础上的竞争，其本质在于寻求创新竞争价值的最大化，存在“你输我赢”的零和博弈现象，如近年来互联网企业创新生态竞争过程中的系列平台企业构建的生态圈竞争行为便是直接体现。[①] 在开放式创新环境下，虽然存在普遍的创新合作和知识交互，但各类创新主体与外部知识主体开展研发合作的主要目的在于强化自身的创新竞争

① 肖红军，阳镇．平台型企业社会责任治理：理论分野与研究展望[J]．西安交通大学学报（社会科学版），2020(1)：57-68.

力。随着创新范式的转型，创新的外在发展逻辑有望转向价值共生，即以创新共同体思维重塑竞争与合作关系，将共益导向贯穿于创新过程与创新价值分配活动中，更为强调各类创新主体基于共同创新目标的紧密交互关系。这意味着不同类型创新主体除了开展技术共创、成果共享外，还要进行力量共生、价值共益与生态共赢，打造可持续的创新生态圈与共同体。在这样的视角下，创新不再局限于企业的商业逻辑、大学的学术逻辑与个体的私人逻辑，而是形成了推动异质创新主体打造创新共同体的潮流。

（一）协同创新的新战略导向

共生共益逻辑对创新评价的影响在于更强调对经济、社会与环境的综合贡献，创新过程更侧重利益相关方的参与、支持与共创，各类协同式创新成为主流趋势，创新主体的来源多样性、创新知识基础的多样性与丰富性、创新价值受益的普惠程度都呈现前所未有的系统性超越，如在产业创新领域，自用户创新范式被提出以来，以传统企业家作为驱动力的技术创新过程被颠覆，创新过程开始逆向化，用户参与研发设计、用户主导研发过程以及用户开源社区等成为开展产业创新的"标配"。换言之，在后熊彼特范式下的创新理论框架中，强调创新主体突破单一的企业家与企业家精神视野，聚焦于市场用户、社区用户、大众，创新过程更强调开放式创新下的知识捕获、知识吸收、知识转移与整合，打造以企业为主导的多创新知识主体的企业创新生态系统。[①]

可见，共生共益逻辑带来了创新的包容性与多样性，大学、企业、科研机构等各类主体可以更为便利地形成合作共识并放大协同式创新的可能，甚至可以形成混合型组织范式创新，使经济利益与社会效益内生融合于合作创新之中。

---

① Hippel E. Economics of Product Development by Users: the Impact of "Sticky" Local Information [J]. Management Science, 1998, 44(5): 629-644.

以我国推进大中小企业"国""民"共进的融通创新实践为例,在协同价值共创基础上,大中小企业融通创新和"国""民"共进成为发展必然。在导向上,巩固大企业作为产业链与创新链链主的地位,使他们带动上下游中小企业共同发展,涌现更多专精特新"小巨人"企业和单项冠军企业。在要素上,通过人才、知识、市场、数据等要素将不同规模、不同资源基础、不同创新能力的企业进行链接,建立基于要素的融合共享机制,让更多大中小企业实现信息互通、人才共享、市场渠道共同开发、创新成果共享。在政策上,通过消除面向国有企业与民营企业的不公正创新政策,弱化产业政策、技术政策、研发政策、财政税收政策实施中的所有权偏好,以交叉持股等形式实现各类所有制企业在资本、资源要素以及能力优势上的融通互补效应。

(二)创新共同体建立的新有利条件

在全面创新时代,原来的政府、大学、企业、研发机构等创新主体的定位将发生变化,将从更多维度建立共生共享、协同创新的生态圈。在此背景下,创新共同体的建立将形成以下新的有利条件。①

一是网络连接,即政府、大学、科研机构、企业等创新主体将进一步强化合作和协同,推动数据、设施等各类创新要素和平台互联互通,形成知识链接的网络系统。

二是汇聚交融,即经济全球化、社会信息化等进程进一步促成了全球开放的创新网络,创新网络节点可以迅速集中国际国内的创新信息和资源,同时使分布式创新成为可能。

三是奇点涌现,即交叉研究、协同创新、集成攻关等方式不断推动创新向全链条拓展,重大颠覆性成果不断涌现,既在整个创新系统溢出,又向区

---

① 吴朝晖.应对变局 开拓新局 以卓越创新引领学校"十四五"改革发展新征程——在浙江大学2020年暑期工作会议上的报告[R].杭州:浙江大学,2020-08-24.

域、国家和全球持续扩散。

四是共生共享，即创新主体可以通过数据开放、信息联通、成果共享，形成共生、互生、再生关系，构建具有动态适应能力的独特生态优势。

(三)创新生态优化的新推进方向

新古典经济学将市场视为决定科技创新资源与要素配置的关键性因素，但是产生的各类市场失灵问题依然有赖于政府这一公共主体通过提高公共产品与公共服务予以解决，这一过程本质上需要政府发挥有形之手的作用，基于有为政府的公共力量，对社会创新资源与要素进行重新组合与重新配置，这一过程本质上是面向公共产品与公共服务领域的公共创新。[①] 实际上，在共生共益逻辑影响下，无论是市场机制失灵的"公共创新空间"，还是市场能有效配置的"非公共创新空间"，均离不开政府对于创新资源与要素的调节。不同于以前的"无为""少为"状态，现在的政府需要更多地关注、参与创新过程，承担重大创新组织者、策划者、协调者等多重角色，特别是需要发挥强作为的作用，通过新型举国体制等更好地与市场相互融合，营造好创新氛围，提高政策供给、创新要素供给等能力。简言之，政府通过创新政策、制度、管理、标准、规则等，充分调动公共社会资源，引导创新资源集聚配置方向，基于公共创新福祉扩大"创新公地"，如有为政府无一不聚焦关乎国家战略性、安全性、基础性的领域以及产业共性技术等，强化创新政策引导与创新要素保障。

以科技创新政策为例，自国家创新系统理论提出以来，科技创新政策的科学运用就成为各国政府推进科技强国建设必不可少的环节，其基本设想均是政府通过科技创新政策的引导优化配置科技创新要素和资源，以更好地支撑特定创新目标与战略的实现，提升整个国家的自主创新能力。在

---

① 陈劲，阳镇，张月遥．共同富裕视野下的中国科技创新：逻辑转向与范式创新[J]．改革，2022(1)：1-15.

政策类型上,往往表现为组合式政策框架,即将科技战略规划、计划等科技政策与产业政策、金融政策、税收政策、财政政策等并用,如通过产业技术政策、产业财政政策以及税收政策等多类政策配套组合,促进特定产业孵化、培育或转型。在政策导向上,存在选择性科技创新政策与功能性科技创新政策两类,前者主要聚焦特定科技领域的培育,对该领域科技突破过程中的特定创新主体进行选择,配套相应的财政政策、税收政策与金融政策等,从而实现该领域科技实力迅速赶超或创新能力改善;后者主要聚焦科技发展基础设施、产业创新环境等改善与优化,在政策激励导向上弱化政策对象的选择性,主要是为多元创新主体提供普惠式的创新环境,包括创新融资环境与市场营商环境等。

就我国而言,政府不再强调对于特定创新主体的强激励属性,而是转向有为政府与有效市场的结合上,更加强化科技创新政策与经济政策、科技创新政策与社会发展的协同耦合关系,注重创新生态的改善,特别是追求国家创新体系对于经济、社会高质量发展的整体性功能发挥。比较明显的变化体现在科技创新政策上,除了在制定主体上强调多部门衔接和协调外,更从顶层设计上推进政策目标与政策执行的系统性布局,促使科技创新政策从强选择性向功能性与普惠性转型。

二、多种创新体系在更大场域构成紧密连接者

创新在全球前沿、国家战略和区域目标层面实现高度统一。一方面,以全球化与逆全球化并存、全球化退缩与全球化扩张并存、全球治理碎片化与规则化并存为特征的新一轮全球化将继续演进,如以英国脱欧、美国退守为典型的全球化退缩和以中国为核心的共建“一带一路”全球化同时存在。另一方面,第四次工业革命与第二次机器革命向纵深发展,全球创新竞争不再是某类科技或某些方向的竞争,而是整个创新体系的比拼与较

量，因为创新体系是融创新主体、创新环境和创新机制于一体，推动全社会创新资源合理配置和有效利用，促进创新主体相互协调和良性互动，充分体现创新意志和目的的生态系统，表征着一国一地的整体创新实力和真正发展潜力，如美国虽在航天科技、军事科技等多个领域拥有“黑科技”，但从创新指数分析，仍比不上瑞士。[①] 在这样的创新新方位中，原来的领跑者未必仍能领先，落后者亦有后发优势，只有抢占先机才有机会晋级、领跑。

（一）创新资源跨体系流动成为新趋势

创新资源的集聚方式将发生根本性转变，知识、数据等新创新要素的全球分散与区域集中同时存在，[②]如世界知识产权组织、美国康奈尔大学和英士国际商学院联合发布的“2023 年全球创新指数”显示，全球创新的资源进一步集聚到亚洲、大洋洲等世界各地，东京—横滨、深圳—香港—广州、首尔、北京、上海—苏州成为全球顶尖科技创新城市集群，中国超过美国成为拥有全球最多创新城市集群数量的国家。

众所周知，世界创新中心每 80～120 年就会发生一次变迁，如前两次科技革命相隔约 110 年，确立了欧洲的世界创新中心地位；第二次与第三次科技革命相隔约 80 年，促成了欧洲与美国“双雄并立”的世界创新中心格局。在创新要素跨体系流动成为常态的当下，世界创新版图有望重塑，创新实力将由两极化向多极化转变、地域分布将由双中心向多中心转变，特别是以中国为代表的亚太地区因科教支撑发展能力强、创新资源集聚程度高，可能成为继欧洲、北美之后的世界主要创新中心。

在这样的背景之下，国家创新体系需要对外强化与全球创新体系连接、对内强化与区域创新体系贯通。根据通常的理解，国家创新体系往往

---

① 吴朝晖. 追求卓越不止步，改革创新再出发，为迈向世界一流大学前列而不懈奋斗——在浙江大学 2019 年暑期工作会议上的报告[R]. 杭州：浙江大学，2019-08-26.

② 吴朝晖. 应对变局　开拓新局　以卓越创新引领学校“十四五”改革发展新征程——在浙江大学 2020 年暑期工作会议上的报告[R]. 杭州：浙江大学，2020-08-24.

包括以企业为主体的技术创新体系、科学研究与高等教育有机结合的知识创新体系、军民融合的国防科技创新体系、各具特色和优势的区域创新体系、网络化的科技中介服务体系等。随后,国家创新体系的内涵外延进一步发生动态变化,如在创新空间上,高校的创新生态系统可以连接区域创新体系、国家创新体系与全球创新体系;在创新环节上,高校的创新生态系统可以连接科技创新体系和产业创新体系。

就创新主体与方向的设定而言,我国的国家创新体系建设则进一步聚焦创新“无人区”、科技制高点布局国家实验室、国家重点实验室等战略科技力量,如国家面向 2035 年的第六个中长期科技发展规划纲要、面向“十四五”的第 14 个国家科技创新规划均对此做出部署,在基础前沿重大科学、战略急需应用研究、颠覆性技术等方面谋划我国的创新方向、重大任务和重点举措。在国家创新体系完善的实践中,国家更是明确要求提高科技创新能力,加快建设国家实验室,重组国家重点实验室体系,发展社会研发机构,实行重点项目攻关“揭榜挂帅”,推进新基建等。

(二)创新体系整体性变革成为新动向

现在,人类已告别封闭式的线性创新、开放式的协同创新、基于网络化的创新等,正进入全面创新时代,创新呈现全球化、协同化、网络化趋势,如特斯拉正在全球范围内加快建设超级充电网络,已在北美、西欧、日本、韩国和我国东南沿海地区布局了大量超级充电站和超级充电桩。[①] 更为重要的是,这些变化深刻影响着创新体系的构建,让创新要素、创新组织、创新节点、创新链路呈现出整体性变革的路向。

一是创新要素数字化。创新要素是开展科技创新活动所依托的生产要素。进入 21 世纪以来,云计算、大数据、物联网、区块链、人工智能、量子

---

① 吴朝晖.加快创新型省份建设,增强高质量发展功能——浙江政协·崇学讲坛第十九讲报告[R].杭州:浙江大学,2020-06-08.

科技等新兴技术席卷全球，互联网成为人类当前赖以生存的重要基础设施，创新范式转型越发强调生产要素的协同重组，数字化贯穿于研发、设计、库存、生产、分销、零售、售后服务等全产业链环节，知识等创新要素更新迭代的速度大幅提高。数据作为知识和信息的载体，成为科技创新的关键生产要素，具备了确权、使用、交易的可能。不同于传统生产要素，数据突破了物理空间的限制，助力数据密集型科研的创新范式到来，在物理世界与虚拟世界建立关于数据的映射关系，如“数据场景式”科研成为新常态，依托数字孪生技术可开展虚拟实验、工业仿真等数据密集型科研。

二是创新组织网络化。随着数字经济的蓬勃跃迁，传统的线性创新逐渐式微，创新组织网络化倾向越发明显，多主体协作和多数据整合成为创新的必选动作。对于前者，由于科技进步所依赖的主要技术知识、创新方法越来越跨界，关键的技术突破、复杂的问题解决很难由单一创新主体来全面完成，而是需要多学科、多团队、多单位进行协作创新，如云计算领域的全系统虚拟化技术、人工智能领域的知识计算引擎与知识服务技术、区块链领域的分布式存储技术等数字科技的迭代都需要多主体协作完成。对于后者，各类数据流在多边交易中呈现网状延展状态，依托数据密集型科研开展的创新环节不一定在一个企业或地区完成，往往需要在全球范围内组织和整合创新要素，如通过采集、处理和共享利益相关者数据，建构起多模态、高黏度的网络型创新组织。

三是创新节点平台化。网络成为各类创新主体获取知识和信息的核心载体与基本途径，人才流、数据流、资金流、信息流通过云计算、半导体芯片、物联网等通用新型基础设施越来越集中到创新链的关键节点上，并使这些节点体现平台化特点，推动消费互联网向产业互联网转型，如由于大数据、人工智能等技术的赋能，5G、窄带物联网（NB-IoT）、低功率物联网（LoRa）等基础网络快速接入建筑、能源、环保等行业，使这些行业在核心创新节点诞生了海尔 COSMOPlat、东方国信 BIOP、研华科技 WISE-

PaaS、航天云网 INDICS、华龙讯达木星工业平台等一大批平台级企业。据 IoTAnalytics 统计，全球工业互联网领域有 150 余家创新型平台企业，其中有超过 50 家的企业在中国。

四是创新链路双向化。在传统创新范式中，创新表现为从企业等创新主体到消费者的线性进程，消费者被排除在创新主体的范畴之外，仅是作为创新产品的被动接受者，而在全面创新时代，超大规模协作和分布式创新要求作为需求侧的消费者、用户成为促进创新的重要参与方。因此，供给侧与需求侧双向参与创新并形成良性互动的态势已然形成。这样的创新范式加速了经济系统的信息扩散，有助于实现多元创新主体间即时开展知识共享，可大幅提高创新资源的配置范围和效率。基于供给侧的创新有利于构建人人参与的分布式创新网络，通过众创、众包、众筹等形式将开放创新资源向需求侧渗透。基于需求侧的创新可以充分挖掘产品端或用户端的异质性需求并进行个性化的产品研发，从而以创新的精准性降低研发的不确定性，如绝大多数微信小程序就是由个人用户自主设计开发，涵盖交易、设计、知识付费等各类场景。

（三）创新效益系统化提升成为新目标

科技创新与技术进步能够打破旧有的增长要素均衡模型，以新的组合驱动社会发展。面对具有社会效益的议题，不同创新体系可以通过要素配置效应的增强来形成独特的创新范式，为改善社会生产力指明方向，如包容式创新、朴素式创新等范式就为分析科技创新驱动的社会要素配置和公共社会效益提升问题提供了新的理论框架。这一目标的实现，需要从创新发展与创新治理两个维度综合施策。

从以创新发展提升公共社会效益看，创新体系的优化能够赋能经济总量增长与社会财富积累，如新的节能减排技术、低碳技术与绿色技术创新，可以加速传统高耗能产业的转型，进而实现环境友好型经济发展与绿色发展，促成环境质量改善和生态效应提升。更为重要的是，制度创新、文化创新等可以提升社会公众的幸福感，特别是教育、医疗、交通与社会保障等领域的科技创新有助于实现社会的可持续、高质量发展，增强整个社会的发展效益。

从创新治理防止社会效益减损的角度看，创新具有“双刃剑”的属性，既能促进经济福利改善、社会效益提高、生态效应增加，也能引发在社会层面的地区发展差距拉大、不同群体利用创新成果能力的差异变大等问题，对区域均衡发展、共同富裕等造成不利影响，最为典型的就是因 ChatGPT 等人工智能的迅猛发展而导致的社会“结构性失业”问题。为此，要想保证创新战略契合人本主义、促进社会效益提升，需要在创新体系的优化过程中，将相关要求落实到系列创新治理的制度安排与体制机制设计上，系统地调整创新战略导向以及创新过程与价值分配，调和包括科技创新在内的创新发展和社会效益提升的“冲突”。

三、不同创新认知在更多维度形成相同创新观

关于创新，不同的学科有不同的理解。从哲学视角看，创新是一种人的创造性实践行为，人类通过对物质世界的利用和再创造，制造新的矛盾关系，形成新的物质形态，如唯物史观的建立。从社会学视角看，创新是人们为了发展需要，运用已知的信息和条件，突破常规，发现或产生某种新颖、独特的有价值的新事物、新思想的活动，其本质是突破，即突破旧的思维定式、旧的常规戒律，如创新型社会的形成。从经济学视角看，熊彼特认为创新要“建立一种新的生产函数”，即“生产要素的重新组合”，就是要把一种从来没有的关于生产要素和生产条件的“新组合”引进生产体系中去，以实现对生产要素或生产条件的“新组合”，如对某些产品结构、性能和外部特征的变革，或者是造型设计、内容的表现形式和手段的创造。因此，创

新的内涵和外延因时因事而异。在创新范式出现变革的情况下,创新观测维度、场域和语境也随之发生转向。

(一)创新观测转向赋能考察

创新承载的功能随着类型的增多而逐渐丰富,科技创新与制度创新、文化创新要解决的问题显然不同。但总体而言,在创新范式几经迭代之后,观测创新的维度已呈现由内向内外并重、由单一向复合转变的趋势,即不仅仅关注创新本身问题的解决,也不仅仅关注创新对于经济增长的贡献,而是转而寻求创新对经济社会高质量发展的综合赋能,如对于科技创新,除了要注意解决现代科技如何发展的问题,还得关注科技如何赋能千行百业的课题。

新古典经济学理论再次将技术进步纳入经济增长函数的要素组合之中,认为技术进步与科技创新是实现经济增长的关键,但未解决技术进步的外生性局限问题,弱化了技术与经济增长的实质性关系。熊彼特则将创新如何驱动经济增长进阶到了经济发展层面,认为"经济增长"主要的驱动要素是劳动与土地等要素的投入,但科技创新能够使经济结构产生新的质变,表现为通过创新驱动的新的要素组合实现"创造性破坏"。国家创新系统理论提出后,"政府-市场-社会"共同视域下的科技创新被纳入到国家经济发展与国家能力演化的理论分析框架之中。科技创新促进新的经济结构实现"创造性破坏"的机理在于:技术进步尤其是突破性技术、颠覆性技术、未来技术等技术变迁催生新的产业与新的业态,传统产业发展方式基于新的技术嵌入而发生新旧动能转换或产业结构升级。

除了支撑经济高质量发展之外,创新对于推进治理体系和治理能力现代化建设、实现共同富裕、建设文化强国等诸多领域均有明显的赋能效果,如《中共中央关于坚持和完善中国特色社会主义制度　推进国家治理体系和治理能力现代化若干重大问题的决定》就是以制度创新为基本路径,推动我国深入参与全球治理体系改革和建设，要求高举构建人类命运共同体旗帜，秉持共商共建共享的全球治理观，倡导多边主义和国际关系民主化，维护联合国在全球治理中的核心地位，支持上海合作组织、金砖国家、二十国集团等平台机制化建设，推动构建更加公正合理的国际治理体系。

(二)创新场域转向公共场域

大学、企业、科研机构等创新主体之所以能够长期并存，与它们在不同场域中发挥的作用有关。在传统理论中，大学的创新更多是在基于学术逻辑的基础研究场域中进行，企业的创新更多是在基于市场逻辑的产业创新场域中进行，科研机构的创新更多是在基于技术逻辑的应用基础研究场域中进行，它们处于各自不同的发展“赛道”，如企业作为市场主体，主要通过捕获政府、大学、科研机构、中介组织等外部主体的知识供给，进而实现产业创新场域下创新知识接收的最大化和创新效率提升。这些创新场域的共同点是均属于非公共场域，如企业以市场价值最大化开展研发投入、工艺改造、技术开发与新产品开发等。

随着包括科学技术在内的各类创新和经济社会发展加速渗透融合，创新主体无法固守原来的创新边界，开始承担一定的社会责任，最为典型的就是大学不再是原来的“象牙塔”，而是成为各类创新的中心。更为确切地讲，大学、企业、科研机构等创新主体不仅仅只聚焦学术、市场或技术逻辑，而是或主动或被动地走出“私”的领地，开始遵循国家逻辑或社会逻辑，走进创新的公共场域。

在这样的场景转换中，无论是大学或科研机构主导的基础研究，还是企业主持的产业技术攻关，抑或是政府组织的科技创新，都更多地转向于兼顾学术或市场逻辑与国家或社会逻辑的混合型逻辑。受此逻辑影响，创新场域内的创新获得了国家或社会属性，各类创新主体实现了价值目标与战略行为的高阶均衡，完成了从“私”场域的个人创新责任到“公”场域的社会创新责任的战略转型。

(三)创新语境转向大众语境

在经典的创新理论中,创新是普通群众无法企及的专业领域,属于科学家、企业家等特定人群开展创新要素组合与配置的智力活动。相应地,国家关于创新的体制机制设计侧重点在于强化科学家、企业家等特定人群的积极性、主动性、创造性,创新资源的集聚和分配就以科学家、企业家等特定人群的需求为衡量标尺,如对于提升原始创新能力的问题,往往会简化为从主体上提升这一群体的创新创造的积极性、为这一群体开展创新提供优质环境等。这样的不利影响是创新活动被局限于个体话语之中,创新战略导向、创新过程、创新绩效产出与科学家、企业家紧密相关,容易受限于科学家或企业家个体的技术方向敏感度与战略视野影响,极端的情况是创新活动会逐步与所处的社会环境不匹配,造成技术与市场或社会的相互割裂。

创新范式更迭带来的显著变化就是创新活动走向了大众化,不再仅是少数专业人士的事。这样的创新在本质上是知识社会条件下创新民主化的展现,特别是随着新一代信息技术带来了知识获取、知识交互的便易性,众创空间的主体也由原来的企业家、科学家变为普通大众。这些开放众创空间的参与主体,既是追求卓越的技术需求者,也是具有创新潜力解决社会问题、拥有社会情怀的社会创新者,如麻省理工学院的 Fab Lab(微观装配实验室网络)、欧盟的 Living Lab(生活实验室)以及中国的 AIP("三验"应用创新园区)的草根创新者就是典型的代表。

以我国前几年倡导的大众创业、万众创新为例。随着我国对资源环境的约束的日益强化,要素的规模驱动力逐步减弱,传统的高投入、高消耗、粗放式发展方式难以为继,经济发展进入新常态,需要从要素驱动、投资驱动转向创新驱动。2015 年 6 月 11 日,国务院印发《关于大力推进大众创业万众创新若干政策措施的意见》，明确推进大众创业、万众创新就是要通过结构性改革、体制机制创新，消除不利于创业创新发展的各种制度束缚和桎梏，支持各类市场主体不断开办新企业、开发新产品、开拓新市场、培育新兴产业，形成小企业"铺天盖地"、大企业"顶天立地"的发展格局。更为重要的是，转变政府职能、建设服务型政府，营造公平竞争的创业环境后，让有梦想、有意愿、有能力的科技人员、高校毕业生、农民、退役军人、失业人员等各类市场创业主体"如鱼得水"。通过创业增加收入，更多的人富起来了，不仅促进了收入分配结构调整，而且体现了创新支持创业、创业带动就业的良性互动发展。

第九章　为建设科技强国加快新一轮创新范式转型变革

在新一轮科技革命和产业变革的孕育期与经济增长复苏期的“双重叠加”背景下，创新范式的转型将为我国建设科技强国提供新的历史性战略机遇和有利条件。从世界科学中心和创新高地转移到触发创新共同体与人类命运共同体深度交融的逻辑理路，再到全球科技治理话语权的提升，无不昭示着科技强国建设与创新范式转型之间的紧密联系。如何深刻认识、用好用足我国已有的发展优势，抢抓创新范式变革的主动权，加快开辟新领域、提出新理论、设计新方法、发现新现象，成为我国建设科技强国的关键问题之一。

一、以新一轮创新范式转型加快建设世界主要科学中心和创新高地

2021年3月16日，习近平总书记在《求是》杂志发表的重要文章中强调，要使我国“努力成为世界主要科学中心和创新高地”①，这既是我国发展到现阶段的必然诉求，也是我国当前所面临的历史性任务和挑战。中外

① 习近平. 努力成为世界主要科学中心和创新高地[J]. 求是，2021(6)：1-2.

学术界对世界科学中心转移规律的研究与讨论经久不衰。近现代以来，意大利、英国、法国、德国相继成为世界科学中心，20世纪20年代至今，美国站在欧洲科学“巨人的肩膀”上，引领包括原子能、计算机、生物技术、空间技术、微电子技术等在内的科学技术发展潮流，在研发投入/产出等方面常居全球前列，多个重要领域至今仍独步世界。

众多创新成果的背后诠释的是创新范式变革的生动实践。科学研究范式、技术攻关范式、技术应用推广范式迭代进阶，可以形成知识共享、人才会聚与资源集聚，进而推动世界科学中心、高等教育中心与人才中心转移。21世纪以来，全球科技创新进入前所未有的密集活跃期，各国围绕科技制高点展开激烈竞争并引发全球创新版图重构，为我国实现世界科学中心和科技强国的建设目标提供了难得的“机会窗口”。

（一）以大历史观把握创新范式转型规律

回望来路，世界科学中心“百年易主”非一朝一夕之功，创新范式的演进，既可能源自创新主体对技术进步与经济利益的内生追求，也可能来自外部宏观经济发展、技术进步和政策法规的影响。[①] 纵观人类历史上科学中心的生成、发展和转移，无不与生产方式创新、经济高速发展、教育变革勃兴、拔尖人才聚集、思想解放运动以及政策有力支持有密切相关。同时，近现代世界科学中心的转移轨迹呈现出明显的周期性，具有科技先发优势的国家并非始终稳坐创新头把交椅，后进国家往往紧随其后，不乏跨越创新差距鸿沟，脱颖而出，甚至后来居上者。

站在人类文明史的高度，观测近代以来的五大科学中心与其对应时期的创新知识重组优化、科学理论变革升级的长周期规律，可知世界科学中心更迭的本质是创新范式的转变，是内部创新主体的价值追求与外部技

---

① 谢荷锋，蒋晓莹. 创新范式：概念建构、理论基础与演化评价研究进展述评[J]. 中国科技论坛，2023(7)：42-52，62.

术、经济和政策环境交互作用的结果。

一方面，既有科学中心存在利益固化藩篱、思想观念障碍和体制机制约束，新孕育的知识、方法、技术在本土呈现青黄不接、难以为继的窘态，只能被迫向新的地区转移、扩散。因此，原有的范式体系结构亟须被突破，直至产生颠覆式革命，新范式替代旧范式。另一方面，旧有强势科学中心无法依靠技术封锁阻碍新老科学中心交替进程。早在 18 世纪，英法、英美、英德相互之间也曾开展贸易、技术封锁，但英国最终通过贸易转换的方式突破法国的大陆封锁政策，而美国、德国也在英国严格的技术封锁中成功完成工业革命，原因在于创新范式及其表现形态具有强烈的内生性和历史依赖性，[①]世界科学中心转移不仅意味着直接产生新的创新成果，更表明整个创新认识体系、方法体系、生产体系和管理体系的调整和变革必然引起企业、产业乃至国家层面的科技、经济、政治、文化乃至整个社会结构的变化。

综上，多元创新范式竞争演化背景下，世界科学中心和创新高地转移是历史发展大势，这在过往及当下的实践进程中已得到充分验证。如今，恰逢科学成果涌现期和创新范式变革期，我国正迎来推动创新范式转型进而加快世界科学中心和创新高地转移的战略机遇。

（二）以创新范式回应中国式现代化推进需求

聚焦当下，科学、技术、经济一体化带动国际形势以及国与国之间的格局发生深刻的结构性变化。当前，以美国为首的发达经济体虽然仍是全球创新要素的主要聚集地，但创新多极化趋势日益凸显，亚洲逐渐成为新的创新热土，如《2023 年全球创新指数》显示，“西强东弱”总体格局已有所变化，全球创新的核心区域持续东移，韩国、中国、印度、新加坡等一批亚洲经

① Baldwin C, Hippel E. Modeling a Paradigm Shift: From Producer Innovation to User and Open Collaborative Innovation [J]. Organization Science, 2011, 22(6): 1399-1417.

济体逐年在全球创新中占据重要位置。未来世界将呈现出多中心并存、综合中心与学科专业中心并举的格局，[①]而世界科学中心的形成和发展将既具备历史上科技中心的共同特征，同时又因适应新时代特点而有所变化。[②] 创新范式的演进研究不仅能够解释过往科学中心的崛起历程，更为重要的是为新时代下世界科学中心涌现及发展提供关键指引。基于未来主导的创新范式转型，"中国式现代化"伟大实践内含着世界主要科学中心和创新高地的建设要求，这意味着中国站在了新的历史方位上。

一是推崇具备人文关怀的价值内核。创新范式逐渐向社会文化、人文关怀和艺术表达方向转化，突破传统范式追求短期利益和内部效率的窠臼，强调人文精神回归以及科技与人性相统一的哲学思考。[③] 世界主要科学中心和创新高地应承担起对全球可持续发展、人类总体福利改善和社会文化进步的应有责任，这与中国在对外交往中所展现的负责任大国形象不谋而合。

二是顺应创新共享共融共生趋势。未来科学中心的创新组织模式具有多元主体参与、开放平台交流、跨界领域应用的特点，这是中国作为超大市场规模的新兴经济体所具备的重要市场空间机遇。科技和人才成为国际战略博弈的主战场，国家实验室、国家科研机构、高水平研究型大学、科技领军企业成为国家战略科技力量的重要组成部分，特别是一流大学作为创新成果和新思想的策源地的作用更加突出。在中国特色世界一流大学建设上，我国紧扣时代脉搏，将扎根本土与融通中外相结合，并以全球视野开展互利共赢的科技合作，积极主动融入全球科技创新网络。

三是实现交叉前沿重大成果突破。不断涌现的前沿领域和颠覆性技

---

① 潘教峰，刘益东，陈光华，等. 世界科技中心转移的钻石模型——基于经济繁荣、思想解放、教育兴盛、政府支持、科技革命的历史分析与前瞻[J]. 中国科学院院刊，2019，34(1)：10-21.

② 杜德斌，段德忠. 全球科技创新中心的空间分布、发展类型及演化趋势[J]. 上海城市规划，2015(1)：76-81.

③ 陈劲，曲冠楠. 有意义的创新：引领新时代哲学与人文精神复兴的创新范式[J]. 技术经济，2018，37(7)：1-9.

术,加上互联网经济、人工智能时代背景下的全球要素资源重组,成为创新范式演进的重要驱动力。未来世界科学中心形成需提前发展关键学科群,且愈加依赖交叉科学等产生大量科学成果。围绕科技发展前沿领域,我国积极布局脑科学与类脑研究、合成生物学、深海深地等交叉前沿领域,既推进科学整体融合与革命性变化,又确保科技与社会协调健康的可持续发展。

总之,世界科学技术活动正朝着多极化方向发展,对处于赶超阶段的中国而言,不仅从平均转移周期来看具备潜在机会,而且从世界大趋势来看也体现出重返世界先进行列的希望。① 正如陈劲等指出的,面向 2035 年的科技创新,我们必须加强对创新范式的预测和研究。② 探索创新范式的演进规律及实践趋势,揭示世界主要科学中心和创新高地转移的影响因素和关键特征,是当前创新范式研究中极具意义的议题,可以为推动中国成为世界科技创新的重要一极增添底气。

(三)抢抓创新范式转型机遇

冀望未来,以自由探索为主的小科学和目标导向明确的大科学从泾渭分明变得水乳交融,社会主义中国创新发展的制度优势愈加明显。同时,以大学为代表的各类创新主体将深层次推进科技变革,促进创新要素的全球再流动与区域再集中。总结吸收当前的创新范式实践经验,研究如何构建适合本土特色的创新范式,是加快推动我国向世界主要科学中心和创新高地进军的重要一环。经过数十年的接续奋斗,我国自主创新的种子已被种下,根植于创新链与产业链深度融合的土壤,我们比历史上任何时期都更有信心和能力建成世界科技强国,主要体现在以下几方面:

---

① 陈仕伟,徐飞.世界科学技术活动中心转移规律再分析——以 1901—2016 年诺贝尔科学奖获得者国籍分布为例[J].科技进步与对策,2018,35(18):11-19.

② 陈劲,阳银娟,刘畅.面向 2035 年的中国科技创新范式探索:融通创新[J].中国科技论坛,2020(10):7-10.

研发投入高速增长，人才队伍不断壮大。不同实践背景、不同时代要求的创新范式均涉及不同要素的投入及管理，其中持续快速的研发投入增长成为撬动我国科技创新的新支点。2022 年我国全社会研究与试验发展(R&D)经费达到 3.08 万亿元，年平均增速达 17.4%，[①]已超过欧盟平均水平。科技创新主力军队伍建设也取得重要进展，我国现有人才资源总量达 2.2 亿人，[②]已形成具有世界级规模的研究人才队伍，初步建立起规模宏大、结构合理、素质优良的工程师队伍，为高水平科技自立自强提供了有力的人才支撑。

创新能力明显提升，关键领域持续发力。在全球基础科学研究领域，我国正成为与美国并驾齐驱的科研大国，且拥有世界上最多的顶级科技创新集群。更为重要的是，我国交叉前沿科技领域实现多点突破、群体性跃升，在载人航天、北斗导航、深海探测和超级计算等领域交出了举世瞩目的创新答卷。只有破解发展面临的挑战性难题、抢占前沿研究与颠覆性技术创新的先机，才有可能实现科技创新能力的质的跃升，这也是世界主要科学中心和创新高地的潜力所在、后劲所在。

科技经济深度融合，人文社科繁荣发展。创新范式演进至今，聚焦点已从传统的经济价值转向更大范围的社会价值、安全价值、国家价值乃至未来价值等。[③] 我国科技实力从量的积累迈向质的飞跃，科技进步对我国经济增长的贡献率明显提升。诸多具有浓厚中国情景和时代特征的创新范式正逐渐浮现，如二次创新、全面创新、整合式创新、有意义创新等。与之对应的是饱含中国特色、中国风格、中国气派的学科体系、学术体系、话语体系正在被构建，其对于丰富本土化创新范式实践，助推世界科学中心

---

① 国家统计局. 2022 年全国科技经营投入统计公报[R/OL]. (2023-09-18)[2024-02-19]. https://www.stats.gov.cn/sj/zxfb/200309/t20230918l942920.html.

② 范思翔. 加快建设世界重要人才中心和创新高地[N]. 新华每日电讯，2022-08-23(002).

③ 王雎，曾涛. 开放式创新：基于价值创新的认知性框架[J]. 南开管理评论，2011，14(2)：114-125.

和创新高地建设极具时代意义。

目前我国创新范式处于创新系统、创新体系向创新生态系统转型升级阶段，从理论引进到实证检验再到结合中国情境的案例研究，研究层次逐步加深、研究范围逐步扩展。① 我国抢抓世界主要科学中心转移和创新高地建设机遇，可以通过提升科技投入效能、建设全球人才高地、布局交叉前沿领域、寻找本土化创新转型动力等，为增强国家核心竞争力、掌握国际竞争主动权并最终建成世界科技强国寻找可行性方向。

二、以新一轮创新范式转型壮大创新共同体

新一轮科技革命和产业变革不断突破组织、学科、技术、产业边界，创新从单一模式转为多模态整合。创新范式扩展至阐释科技与经济、文化、组织和制度等因素之间的交互作用及其引致的复杂企业、产业乃至国家层级的科技、经济和社会发展现象。② 由于科学、技术与产业的一体化程度不断深化，创新链各要素之间的关联更加紧密，科学知识生产的场域在不断延伸和拓展，融合多元主体的科技创新共同体正在形成，并产生新的行为规范、规则和标准，③三螺旋结构、知识生产模式Ⅲ、创业型大学、新兴研究型大学、公众科学等的兴盛印证了这种变化趋势。

正如前述，创新共同体的内在自主性不断强化，不仅在区域协调发展中扮演重要角色，更为解决高成本的全球问题提供了新方案。美国引发的逆全球化思潮和世界新保守主义思潮上升的总体态势，成为在全球范围内建设创新共同体的最大挑战与阻力。推动壮大创新共同体是顺应全球治

① 韩文艳，熊永兰. 开放式创新背景下创新范式研究演化路径与热点分析[J]. 科技管理研究，2021，41(9)：1-7.

② 郭斌，蔡宁. 从“科学范式”到“创新范式”：对范式范畴演进的评述[J]. 自然辩证法研究，1998(3)：9-13，63.

③ 张寒，李正风，高璐. 超越科学共同体：科技创新共同体的形成何以可能[J]. 自然辩证法研究，2022，38(8)：48-53.

理体系变革与创新发展大势的主动作为，也是中国引领世界未来创新发展方向的重要举措之一。中国需抓住新一轮创新范式转型机会，超越疆域局限和人为藩篱，形成符合国家、产业、社会、人类发展综合需求和科技发展本身特点的创新共同体，以全球科技创新合力推动人类命运共同体构建迈向新阶段。

(一)以共同价值凝聚创新合力

创新共同体得以构建的根本原因是具备共同价值、目标与利益诉求，秉持求同存异、聚同化异的原则，形成多主体深度融合、多层面跨界认同的创新范式。目前，安全价值、社会价值、人文价值等观念渗透引领新一代创新范式，生成了基于生态可持续、社会正义等价值的创新范式以及相应的创新方法和工具包。① 创新范式嬗变的价值立场、价值准则与价值实践为创新共同体内部的一致性和有序性奠定基础，有助于创新共同体各成员间保持更紧密的联系，形成构建创新共同体的主体自觉。

在共同价值理念指引下，中国先后提出共建"一带一路"倡议、全球发展倡议、全球安全倡议、全球文明倡议，为破解世界"四大赤字"提供中国方案。以"一带一路"创新共同体建设为例，共建国家在人口、健康、安全等众多领域面临着经济转型升级及复杂交织的社会矛盾，迫切需要加强各国间合作研究和联合攻关。② 构建创新共同体，开展持久、广泛、深入的科技创新合作，以共同应对全球挑战、实现经济增长和可持续发展为目标愿景，既顺应了科技创新全球化的发展趋势，也契合"一带一路"建设的利益交汇点，符合共建国家的发展需要。③ 在创新共同体建设实践中，我国于 2023

---

① Breuer H, Ludeke-freund F. Values-hased Business Model Innovation: a Toolkit[M]. Cham: Springer, 2018:395-416.

② 中央党校民营企业参与重大科技创新的策略与路径研究课题组，周国辉. "一带一路"背景下怎样深化国际科技合作[J]. 中国党政干部论坛，2016(12):59-62.

③ 李文君，陈海利. 构建"一带一路"创新共同体模式探析[J]. 世界科技研究与发展，2019，41(5):534-543.

年11月在首届“一带一路”科技交流大会上首次提出《国际科技合作倡议》，强调“科学无国界、惠及全人类”，倡导并践行开放、公平、公正、非歧视的国际科技合作理念，坚持科技创新人员和资源等在全球范围内自由流动，探索互利共赢的全球科技创新合作新模式，共同构建创新伙伴关系，携手建设全球科技共同体。

与之相反的，在百年变局、世纪疫情、俄乌冲突影响相互交织，单边主义、保护主义、孤立主义等逆全球化思潮变本加厉的环境下，[①]创新共同体的文化价值体系遇到不同声音，甚至遇到一些负面评价。以美国为首的西方世界用意识形态和战略竞争划线，试图打造针对特定国家的价值观同盟，将其排除在全球和区域产业链之外，如美国主导的“印太经济框架”难掩其逆全球化本质；而高精尖领域出口管制联盟的组建意在阻止芯片等中国制造业关键产业的崛起。基于国际格局的深刻复杂变化，国际科技创新界需在新一轮创新范式指导下形成共同认知、共同规范。我国可以主动适应新形势，坚持共商共建共享的全球治理观，广泛凝结不同创新主体利益的最大公约数，推动实现全人类的“公利”。

(二)扩大创新资源集聚优势

人才、资金、技术、信息等创新基础资源是创新共同体得以运转的物质基础与重要保障。在新一轮创新范式转型实践中，创新链与产业链、价值链深度融合，多学科、多要素交叉渗透，创新资源与时空边界不断突破，上下游协作、多主体联合及开放式创新形态渐成主流。[②] 创新范式的建立强调通过各类资源要素的开放协同、合纵连横形成“新组合”，贯通创新链衔接“经线”并疏导资源供给“纬线”，在中长期内建立与创新共同体的创新合

---

① 王跃生，马相东. 经济全球化新趋势与开放型世界经济建设[J]. 中国特色社会主义研究，2020(3)：33-39.

② 赵志耘，杨朝峰. 创新范式的转变：从独立创新到共生创新[J]. 中国软科学，2015(11)：155-160.

作网络，增强创新共同体构建的动力源。

从全球看，政府与公共机构正在成为推动创新范式迭代的重要一极。财税、金融及技术政策引导资源聚集关键创新，成为新型创新实践主导的范式之一。例如，欧盟通过成立欧洲研究理事会、实施欧洲竞争与框架计划、开发风险分担金融工具等为创新共同体建设提供资金支持。而典型国家和地区在打造创新共同体的过程中，往往聚天下英才而用之，如日本在引进高技术专业人才方面增设居留资格、美国实施国际人才“软着陆”政策，注重引进创新型人才，为创新共同体提供智力支撑。此外，新一轮创新范式推动泛在化的万物互联，以竞合关系促进协同创新已成常态，创新活动中的多元参与主体不是你赢他输或相互挫败，而是在不同领域、不同层次各有所长，分工合作、共同研发、风险共担、利益共享。[①]

于我国而言，举国体制是社会主义集中力量办大事的重要体现，已在“156 项工程”、“两弹一星”和人工合成牛胰岛素等科技攻关中发挥重要作用。近年来，新型举国体制协同我国政治制度优势与市场作用机制，贯通生产、分配、流通、消费各环节，与创新范式演化基本特点与趋势相适应。人才是实现民族振兴、赢得国际竞争主动权的战略资源，中国已加大对境外优秀人才入境合作研究和交流的支持力度。例如，设立面向全球的科学研究基金，支持外籍专家牵头参与中国科技计划等，自 2015 年重点研发计划设立以来，已吸引一大批外籍科学家担任项目或课题负责人。除此之外，创新共同体以凝聚全球潜在力量、做大共同利益蛋糕为目标。作为我国首创的国际合作新模式，第三方市场合作将我国的优势产能、发达国家的先进技术和广大发展中国家的发展需求有效对接，减轻地缘经济割裂对技术创新所造成的不利影响，实现“1＋1＋1＞3”的“共赢”。由此可见，我国当前及未来的创新范式实践应进一步发挥新型举国体制优势、坚持实施

① 马相东，王跃生. 以共建创新共同体推进“一带一路”建设走向新阶段[J]. 中共中央党校（国家行政学院）学报，2023，27(4)：75-84.

开放的人才政策并不断平衡创新主体间的竞合关系,实现资源协调、吸收和支配,以提升共同体的创新能力和创新绩效。

(三)完善创新共同体运转的体制机制

创新共同体的高效运转需要相应的体制机制支撑。由于创新实现需要多活动、多主体、多功能和多方贡献,[①]涉及一系列协调工作,创新共同体需在生产、投资以及贸易的管理和标准等方面形成较完备的统一驱动机制、运行机制和保障机制。创新体制机制可以助力创新范式完成价值转换并为创新发展解除束缚。基于明确的战略规划、制度设计和运营规则等,系统、动态分解和落实创新共同体目标,可确保创新共同体管理机构作用的充分发挥。目前,我国在打造内外创新共同体的过程中不断完善体制机制,通过创新资源共享、创新活动合作、产业链条互补等方式有效实现供需更高层次的动态平衡,推动创新共同体建设与发展。

对内而言,我国京津冀、长三角、粤港澳、成渝四大城市群积极培育建设区域创新共同体,逐步建立部省(市)协同的组织协调机制、产业创新融合的组织实施机制、绩效创新导向的成果评价机制以及多元主体参与的资金投入机制。例如,以上海、浙江杭州、江苏南京、安徽合肥为重要节点的网络化区域创新和空间人才流通机制正在形成;粤港澳大湾区"1+1+7"创新合作、优势互补国家自主创新示范区已基本建成。[②] 我国区域创新共同体正在形成各具特色的治理机制,既弱化资源布局结构失衡、闭环流动等问题,又为全球区域协调创新发展提供可复制可推广的经验成果。

对外而言,中国与非洲、东盟、南亚、阿拉伯国家、拉美共同体、上海合作组织、中东欧国家等建立了七大科技伙伴计划,共建中国—东盟"双边技

---

① Lynn L H, Reddy N M, Aram J D. Linking Technology and Institutions: The Innovation Community Framework [J]. Research Policy, 1996, 25(1):91-106.

② 曹方,姬少宇,张鹏,等.区域创新共同体治理的逻辑框架、行动实践与政策启示[J].技术经济,2023,42(3):14-26.

术转移中心”工作机制、中东欧“6+1”合作机制等，可以有效地将分散的创新资源和创新要素集中组织起来。签署创新合作行动计划、共建国家联合实验室和国际技术转移中心，以及构建面向全球的高标准自由贸易区网络成为中国持续深化全球伙伴关系、壮大创新共同体的重要抓手。中国语境下的创新共同体概念与人类命运共同体概念一脉相承，基于与外部组织的交流和碰撞，我国协同参与国际科技合作机制、跨区域成果转化和科技创业孵化机制等，并不断衍生出新的合作组织形式。

三、以新一轮创新范式转型增强全球科技治理话语权

当今时代，科技的进步和应用已超越国家的边界，渗透到能源、水资源、人群健康、生态环境等诸多领域，在全球范围内引起对伦理风险、隐私泄露、数据安全等风险的关注与争议。技术迭代和应用场景处于新旧杂糅的状态，科技治理之风蔚然兴起，成为推动科技事业健康发展的重要方式。习近平总书记指出：“要深度参与全球科技治理，贡献中国智慧，塑造科技向善的文化理念，让科技更好增进人类福祉，让中国科技为推动构建人类命运共同体作出更大的贡献。”[①]当前，中国经济总量已位列世界第二，科技实力也增长迅速，掌握与国家综合国力相匹配的科技治理话语权对服务世界科技强国建设、推动构建人类命运共同体同样意义重大。

全球国际秩序和国际体系正在经历复杂深刻的变化，各国围绕科技治理展开的话语权之争也日益激烈，已取得举世瞩目发展成就的中国能否借新一轮创新范式转型提升自身的科技治理话语权，在很大程度上决定了中国国际影响力能否持续提升。我国以自身科技治理知识和经验为全球科技治理实践提供有益补充，于创新范式变革中实现规则、规制、管理、标准

---

① 习近平.在中国科学院第二十次院士大会、中国工程院第十五次院士大会、中国科协第十次全国代表大会上的讲话[N].人民日报，2021-05-29(2).

等方面在更大范围、更宽领域、更深层次的开放和对接,并确定弥合国际分歧、凝聚国际治理共识的科技治理目标与价值取向,成为扭转国际科技治理秩序碎片化、价值观分立趋势的中坚力量。未来中国需要继续努力,夯实自身在全球科技治理中的理念话语权、实践话语权以及制度话语权,为全球科技治理贡献中国力量。

(一)以理念话语权作为科技治理根基

理念是行动的先导。科技发展正面临前所未有的挑战,亟须符合时代需求的治理理念和强有力的领导、协调与合作,创新范式由此被赋予更为深刻的目标内涵。长期以来,全球科技治理的规则制定和体系建构源于以资本、强权为特征的世界单边主义治理模式,西方发达国家主导的科技治理体系未能充分顾及后发国家的权益,加上新兴国家的集体崛起,全球科技治理格局亟须新的治理知识和创新理论进行规范。通过新一轮创新范式可以创造出全新的解释或理解框架,将全球科技治理理念与原则从旧有的思维框架和运行模式中解脱出来,引导其向着公平、正义和高效的方向发展。

作为科技后发型国家,我国已形成战略驱动型科技治理路径,针对不断变化的国际形势,在科技治理议题设置和引领方面持续发挥独特作用,有效提升了自身及其他发展中国家在全球科技治理中的理念话语权。一方面,秉持"共商共建共享"理念,从G20科技创新部长会议到上合组织科技部部长会晤,从金砖国家科技创新部长级会议到清洁能源部长级会议,我国主动提出创新议题、发出合作倡议,以全球化视野推动创新发展。另一方面,坚持"人类命运共同体"理念,我国在以科技创新促进减贫脱贫、生态保护、民众生活以及城市治理等方面,以开放、团结、包容、非歧视的姿态开展合作,明确深度参与全球性问题的科技应对原则,如在第二届世界互联网大会、华盛顿核安全峰会、上合组织成员国元首理事会第十六次会议、金砖国家领导人第八次会晤等场合,中国先后提出"构建网络空间命运共同体”“核安全命运共同体”等具体理念，在推动构建国际科技界形成合作共赢的价值共识方面发挥出了积极作用。全球问题的科技应对须抱有和衷共济的心态，“共商共建共享”和“人类命运共同体”理念凝练并升华合作共赢宗旨，使中国的科技治理经验成为国际相关话语和理论的重要组成部分。

（二）促进国内与国际科技治理良性互动

实践是有力的证明。创新实践活动本身具有复杂性、多样性和演进性，创新范式概念及内涵的认知尚处于百家争鸣的阶段。作为发展中大国，我国不仅为世界贡献了新的治理思想，同时在更多领域实现“领跑”和“并跑”，打下塑造科技治理实践话语权的基础。立足我国发展的历史阶段及社会文化特点，中国情景下的创新范式形态与概念已然形成，如责任式创新范式下的人工智能技术创新治理、产业与企业智能化创新及科技创新风险等，①不仅推动建立健全了符合我国国情的科技治理体系，也为全球前沿科技治理提供中国方案。

一方面，我国积极发挥科技创新牵引作用，与各方共享科技发展新成就，共同探索解决重要全球性问题的途径和方法，为人民健康幸福生活和可持续发展保驾护航。气候变化、粮食安全、能源安全、疾病防控等全球性问题的解决有赖于全球科技的发展与合作，我国既是国际前沿创新的重要参与者，也是共同解决全球性问题的重要贡献者。例如，截至 2022 年，中国风云气象卫星的数据服务已覆盖了 124 个国家和地区，为菲律宾、莫桑比克等 40 多个国家提供应急保障服务近 70 次，帮助当地应对强降雨、热带气旋、洪涝等自然灾害。②

① 梅亮，陈劲，吴欣桐．责任式创新范式下的新兴技术创新治理解析——以人工智能为例[J]．技术经济，2018，37(1)：1-7，43.

② 刘融．“中方的无私支援我们铭记在心”[N]．人民日报，2023-01-15(003).

另一方面，我国注重打好政府与非政府组织力量组合拳，积极预判和防范因科技自身发展引起的超越国界进而波及全人类的问题，多管齐下地推动全球范围内的科技伦理治理与合作。我国注重顶层设计和系统谋划，在前沿科技治理体系建设方面已取得突破性进展。以国家科技伦理委员会成立、《关于加强科技伦理治理的意见》出台为标志，我国科技伦理治理体系拉开了系统性全面建设的新帷幕。同时，我国充分调动非政府组织的力量，支持相关科技工作者、科技组织主动参与国际组织事务，迄今我国已加入 200 多个国际组织和多边机制，在国际科技组织担任高级职务的专家学者人数超过 1200 人。[①] 可见，我国的科技治理既有传承也有创新，特别是结合经济、政治、法律等多重社会因素，在科技治理模式、政策和手段方面不断开拓创新，推动国内科技治理与国际科技治理形成良性互动，为全球科技治理提供借鉴与启示。

（三）提供制度型开放的创新智慧

制度是治理的依据。创新是一个历史和空间、技术和制度共同演化，从而对经济社会产生影响的过程，[②]创新范式深度嬗变，其微观实践落实为创新范式基本机制，包括治理机制、运作机制与演化机制。新一轮创新范式转型延伸扩展至知识系统、经济系统、社会系统及公共服务系统等的具体交互作用及演进规则方面，以创新主导权决策权的分配模式、创新要素配置机制以及创新价值分配规则等呼应传统科技治理规制、框架重塑，助推世界各国在科技发展领域建立有效的国际科技治理体系，扩大国际科技创新合作，更好地推进科技前沿进展。

我国正在稳步扩大高水平制度型开放，努力在规则、规制、管理、标准

---

① 我国积极推进全球科技交流合作[EB/OL].（2022-11-19）[2024-04-09]. https://www.gov.cn/xinwen/2022-11/19/content.5727817.htm.

② 孙冰. 基于演化经济学的技术创新相关研究综述[J]. 管理评论，2011，23(12)：56-62，67.

等方面实现“制度一体化”，尤其是增强制度包容性、提升制度弹性和容错能力，进一步塑造全球科技治理制度话语权。例如，在以优势议题建构制度优势方面，向国际社会分享数字化、人工智能、互联网治理等领域的治理心得，帮助其根据不同需求和特点以及自身治理实践制定行之有效的规则。例如，IEEE 标准协会正式通过的《可信密态计算》国际标准立项，是由多家中国单位共同参与并提出的具有中国特色的治理机制；又如，2022年我国政府在《特定常规武器公约》缔约国大会上所提交的《中国关于加强人工智能伦理治理的立场文件》，就人工智能生命周期监管、研发及使用等问题提出一系列中国主张，为推动形成国际人工智能治理方案进行了有益探索。在以国际合作实现制度对接方面，我国在实践中贯彻开放性、包容性、普惠性的原则，参与引领全球发展治理过程中的制度设计，同时推动新旧制度互补，并为全球发展治理搭建制度性平台。例如，在中国-欧盟科技创新合作路线图中拟定科技伦理领域的未来合作计划框架；又如，充分团结和支持其他国家，在前沿科技领域创设更好的制度环境和政策环境，积极参与世界卫生组织《卫生健康领域人工智能伦理与治理指南》、联合国教科文组织《人工智能伦理问题建议书》等国际科技伦理规范的制定。

参考文献

一、专著

安东尼·吉登斯. 现代性的后果[M]. 南京:译林出版社,2000.

陈劲. 整合式创新——新时代创新范式探索[M]. 北京:科学出版社,2021.

亨利·切萨布鲁夫. 开放创新的新范式[M]. 陈劲,等译. 上海:科学出版社,2010.

金吾伦. 创新的哲学探索[M]. 上海:东方出版中心,2010.

克莱顿·克里斯坦森. 创新者的窘境[M]. 胡建桥,译. 北京:中信出版社,2014.

克劳斯·施瓦布. 第四次工业革命[M]. 李菁,译. 北京:中信出版社,2016.

马克思,恩格斯. 马克思恩格斯全集:第二十三卷[M]. 中共中央马克思恩格斯列宁斯大林著作编译局,编译. 北京:人民出版社,1972.

马克思,恩格斯. 马克思恩格斯全集:第四十二卷[M]. 中共中央马克思恩格斯列宁斯大林著作编译局,编译. 北京:人民出版社,1979.

马克斯·韦伯. 经济与社会:第一卷[M]. 阎克文,译. 上海:上海人民出版社，2019.

十八大报告学习辅导百问[M]. 北京：学习出版社，2012.

苏珊·哈克. 理性地捍卫科学[M]. 曾国屏，袁航，等译. 北京：中国人民大学出版，2008.

托马斯·库恩. 必要的张力——科学的传统和变革论文选[M]. 范岱年，等译. 北京：北京大学出版社，2004.

托马斯·库恩. 科学革命的结构[M]. 四版. 金吾伦，胡新和，译. 北京：北京大学出版社，2003.

托尼·海. 第四范式：数据密集型科学发现[M]. 潘教峰，等译. 北京：科学出版社，2012.

温德尔·瓦拉赫，科林·艾伦. 道德机器：如何让机器人明辨是非[M]. 北京：北京大学出版社，2017.

吴信东，王祥丰，金博. 人机协同[M]. 北京：科学出版社，2022.

习近平. 高举中国特色社会主义伟大旗帜为全面建设社会主义现代化国家而团结奋斗——在中国共产党第二十次全国代表大会上的报告[M]. 北京：人民出版社，2022.

习近平. 论科技自立自强[M]. 北京：中央文献出版社，2023.

习近平谈治国理政：第二卷[M]. 北京：外文出版社，2017.

习近平谈治国理政：第三卷[M]. 北京：外文出版社，2020.

习近平谈治国理政：第一卷[M]. 北京：外文出版社，2014.

杨青峰. 未来制造：人工智能与工业互联网驱动的制造范式革命[M]. 北京：电子工业出版社，2018.

伊雷姆·拉卡托斯. 批判与知识的增长[M]. 周寄中，译. 北京：华夏出版社，1987.

约翰·齐曼. 真科学——它是什么 它指什么[M]. 上海：上海科学技术教育出版社，2002.

詹·法格博贝. 牛津创新手册[M]. 柳卸林,等译. 上海:东方出版中心,2021.

中共中央文献研究室. 习近平关于科技创新论述摘编[M]. 北京:中央文献出版社,2016.

中国科学院科技战略咨询研究院课题组. 数字科技—第四次工业革命的创新引擎[M]. 北京:机械工业出版社,2021.

Breuer H, Ludeke-freund F. Values-hased Business Model Innovation: a Toolkit[M]. Cham: Springer, 2018.

Freeman C. Technology Policy and Ecomomic Performance: Lessons from Japan [M]. London: Pinter, 1987.

Hey T. The Fourth Paradugm-Data-Intensive Scientific Discovery [M]. The Science Press, 2009.

Kodama F. Emerging Patterns of Innovation: Sources of Japan's Technological Edge [M]. Boston: Harvard Business School Press, 1995.

Lundvall B A. National Systems of Innovation: Towards a Theory of Innovation and Interactive Learning [M]. London: Pinter Publishers, 1992.

二、期刊

曹方,姬少宇,张鹏,等. 区域创新共同体治理的逻辑框架、行动实践与政策启示[J]. 技术经济,2023,42(3).

陈达,秦远建. 科学研究范式与创新突破机制研究[J]. 科学管理研究,2017,35(2).

陈劲,曲冠楠. 有意义的创新:引领新时代哲学与人文精神复兴的创新范式[J]. 技术经济,2018,37(7).

陈劲,吴庆前.中华传统文化中的创新因素与第四代管理学[J].科研管理,2019,40(8).

陈劲,阳银娟,刘畅.面向2035年的中国科技创新范式探索:融通创新[J].中国科技论坛,2020(10).

陈劲,阳银娟.协同创新的理论基础与内涵[J].科学学研究,2012,30(2).

陈劲,阳镇,等.共同富裕视野下的中国科技创新:逻辑转向与范式创新[J].改革.2022(1).

陈劲,尹西明,梅亮.整合式创新:基于东方智慧的新兴创新范式[J].技术经济,2017,36(12).

陈劲,朱子钦,杨硕,等.全面创新:制度视角的概念、框架与政策启示[J].创新科技,2023,23(10).

陈仕伟,徐飞.世界科学技术活动中心转移规律再分析——以1901—2016年诺贝尔科学奖获得者国籍分布为例[J].科技进步与对策,2018,35(18).

陈套,贾宝余.数字时代的科研范式变革与组织模式创新[J].科技智囊,2023(9).

邓仲华,李志芳.科学研究范式的演化——大数据时代的科学研究第四范式[J].情报资料工作,2013(4).

杜德斌,段德忠.全球科技创新中心的空间分布、发展类型及演化趋势[J].上海城市规划,2015(1).

樊小杰.高校地方研究院发展路径分析:基于三螺旋理论视角下的现实困境与治理[J].中国高校科技,2022(3).

高奇琦.人工智能的学科化:从智能科学到智能社会科学[J].探索与争鸣,2018(9).

郭斌,蔡宁.从“科学范式”到“创新范式”:对范式范畴演进的评述[J].

自然辩证法研究,1998(3).

郭光灿,周正威,郭国平.量子计算机的发展现状与趋势[J].中国科学院院刊.2010,25(5).

韩文艳,熊永兰.开放式创新背景下创新范式研究演化路径与热点分析[J].科技管理研究,2021,41(9).

洪永淼,汪寿阳.人工智能新近发展及其对经济学研究范式的影响[J].中国科学院院刊,2023,38(3).

黄萃,陈静,陈惠玲.第四研究范式:数据驱动下的人文社科研究模式跃迁[J].中国高校科技,2021(10).

黄振羽.基于大科学设施的创新生态系统建设:“雨林模型”与演化交易成本视角[J].科技进步与对策,2019,36(19).

金晶,孙启贵,汪琛.技术范式的演进脉络研究[J].科技传播, 2022,14(6).

李福,曾国屏.创新的哲学内涵:基于库恩范式理论的解释[J].长沙理工大学学报(社会科学版), 2015, 30(6).

李建会,杨宁.AI for Science:科学研究范式的新革命[J].广东社会科学,2023(6).

李文君,陈海利.构建“一带一路”创新共同体模式探析[J].世界科技研究与发展,2019,41(5).

梁政,张林山,邹京希,等.科学范式及科研范式研究综述[J].云南电力技术,2023,51(2).

刘安蓉,李莉,曹晓阳,等.颠覆性技术概念的战略内涵及政策启示[J].中国工程科学,2018,20(6).

刘涛雄,尹德才.大数据时代与社会科学研究范式转变[J].理论探索,2017(6).

马相东,王跃生.以共建创新共同体推进“一带一路”建设走向新阶段

[J]. 中共中央党校(国家行政学院)学报，2023，27 (4).

梅亮，陈劲，刘洋. 创新生态系统：源起、知识演进和理论框架[J]. 科学学研究，2014，32(12).

梅亮，陈劲，吴欣桐. 责任式创新范式下的新兴技术创新治理解析——以人工智能为例[J]. 技术经济，2018，37(1).

潘教峰，刘益东，陈光华，等. 世界科技中心转移的钻石模型——基于经济繁荣、思想解放、教育兴盛、政府支持、科技革命的历史分析与前瞻[J]. 中国科学院院刊，2019，34(1).

钱菱潇，陈劲. 开放式创新研究述评：理论框架、研究方向与中国情境[J]. 演化与创新经济学论，2022(1).

任志宽，李栋亮，谈力. 面向 2035 年全球科技发展态势研判与中国应对策略[J]. 科技管理研究，2022，42(10).

任宗强，陈淑娴. 人机协同创新：面向智能制造的创新新范式[J]. 清华管理评论，2021(11).

石琳娜，陈劲. 基于知识协同的产学研协同创新稳定性研究[J]. 科学学与科学技术管理，2023(9).

孙冰. 基于演化经济学的技术创新相关研究综述[J]. 管理评论，2011，23(12).

孙丹，徐辉. "知识社区"知识生产、弥散与应用的逻辑理路——基于创新生态系统理论视角[J]. 科学管理研究，2022，40(5).

王飞跃，缪青海. 人工智能驱动的科学研究新范式：从 AI4S 到智能科学[J]. 中国科学院院刊，2023，38(4).

王飞跃，缪青海，张军平，等. 探讨 AI for Science 的影响与意义：现状与展望[J]. 智能科学与技术学报，2023，5(1).

王雎，曾涛. 开放式创新：基于价值创新的认知性框架[J]. 南开管理评论，2011，14(2).

王跃生,马相东.经济全球化新趋势与开放型世界经济建设[J].中国特色社会主义研究,2020(3).

吴晓波,林福鑫,李思涵,等.穿越周期:工业5.0与第六代创新管理范式[J].清华管理评论,2023(Z1).

习近平.努力成为世界主要科学中心和创新高地[J].求是,2021(6).

习近平.全面加强知识产权保护工作激发创新活力推动构建新发展格局[J].求是,2021(3).

习近平.深入实施新时代人才强国战略加快建设世界重要人才中心和创新高地[J].当代党员,2022(1).

肖红军,阳镇.平台型企业社会责任治理:理论分野与研究展望[J].西安交通大学学报(社会科学版),2020(1).

谢荷锋,蒋晓莹.创新范式:概念建构、理论基础与演化评价研究进展述评[J].中国科技论坛,2023(7).

尹西明,陈泰伦,陈劲,等.面向科技自立自强的高能级创新联合体建设[J].陕西师范大学学报(哲学社会科学版),2022,51(2).

张寒,李正风,高璐.超越科学共同体:科技创新共同体的形成何以可能[J].自然辩证法研究,2022,38(8).

张军荣,袁晓东.技术创新"范式"之争[J].科学学研究,2013,31(11).

张煜,苏竣.创新链视角下产学研合作、高校创新与技术进步[J].科学学研究,2023,41(7).

赵志耘,杨朝峰.创新范式的转变:从独立创新到共生创新[J].中国软科学,2015(11).

郑雨.技术创新研究的哲学视角[J].科学学研究,2005,23(S1).

郑雨,沈春林.技术范式的结构与意义[J].南京航空航天大学学报(社会科学版),1999(1).

周国辉."一带一路"背景下怎样深化国际科技合作[J].中国党政干部

论坛,2016(12).

Alvarado R. AI as an Epistemic Technology [J]. Science and Engineering Ethics,2023,29(5).

Andersen B. The Evolution of Technological Trajectories 1890—1990[J]. Structural Change and Economic Dynamic, 1998, 4(9).

Anna C, Federico C. Where is Laboratory Medicine Headed in the Next Decade? Partnership Model for Efficient Integration and Adoption of Artificial Intelligence into Medical Laboratories[J]. Clinical Chemistry and Laboratory Medicine, 2023, 61(4).

Autio E. Evaluation of RTD in Regional Systems of Innovation [J]. European Planning Studies, 1998, 6(2).

Baldwin C, Hippel E. Modeling a Paradigm Shift: From Producer Innovation to User and Open Collaborative Innovation [J]. Organization Science, 2011, 22(6).

Bi K, Xie L, Zhang H. et al. Accurate Medium-range Global Weather Forecasting with 3D Neural Networks [J]. Nature, 2023(619).

Bileschi M L, Belanger D, Bryant D H, et al. Using Deep Learning to Annotate the Protein Universe [J]. Nature Biotechnol, 2022(40).

Boiko D A, MacKnight R, Kline B, et al. Autonomous Chemical Research with Large Language Models [J]. Nature, 2023(624).

Chen X, Roberts R, Liu Z, et al. A Generative Adversarial Network Model Alternative to Animal Atudies for Clinical Pathology Assessment [J]. Nature Communications, 2023(14).

Constant E W. A Model for Technological Change Applied to the Turbojet Revolution[J]. Technology and Culture,1973.

D'Orazio P. Big Data and Complexity: Is Macroeconomics Heading toward a New Paradigm? [J]. Journal of Economic Methodology, 2017, 24(4).

Dosi G. Technological Paradigms and Technological Trajectories: A Suggested Interpretation of the Determinants and Directions of Technical Change[J]. Research Policy, 1982(11).

Eraslan G, Simon L M, Mircea M, et al. Single-cell RNA-seq Denoising Using a Deep Count Autoencoder [J]. Nature Communications, 2019(10).

Fazio C, Guzman J, Stern S. The Impact of State-Level R&D Tax Credits on the Quantity and Quality of Entrepreneurship[J]. 2019, 34 (2).

Hippel E. Economics of Product Development by Users: the Impact of "Sticky" Local Information [J]. Management Science, 1998, 44(5).

Karagiorgi G, Kasieczka G, Kravitz S, et al. Machine Learning in the Search for New Fundamental Physics [J]. Nature Reviews Physisc, 2022(4).

Lam R, Sanchez-Gonzalez A, Willson M. Learning Skillful Medium-range Global Weather Forecasting [J]. Science, 2023, 382(6677).

Lynn L H, Reddy N M, Aram J D. Linking Technology and Institutions: The Innovation Community Framework [J]. Research Policy, 1996, 25(1).

Miller T. Explanation in Artificial Intelligence: Insights from the Social Sciences [J]. Artificial Intelligence, 2018.

Ming F, Gong W. Exploring a Promising Region and Enhancing Decision Space Diversity for Multimodal Multi-Objective Optimization [J]. Tsinghua Science and Technology, 2024, 29(2).

Patil P, Pavitt K. The Nature and Economic Importance of National

Innovation Systems[J]. STI review,1994(14).

Rao C, Ren P, Wang Q, et al. Encoding Physics to Learn Reaction-Diffusion Processes [J]. Nature Machine Intelligence, 2023(5).

Resnyansky L. Conceptual Frameworks for Social and Cultural Big Data Analytics: Answering the Epistemological Challenge[J]. BigData & Society,2019,6(1).

Schulte-Sasse R,Budach S, Hnisz D. et al. Integration of Multiomics Data with Graph Convolutional Networks to Identify New Cancer Genes and their Associated Molecular Mechanisms [J]. Nature Machine Intelligence, 2021(3).

Senior A W, Evans R, Jumper J. et al. Improved Protein Structure Prediction Using Potentials from Deep Learning [J]. Nature, 2020(577).

Silver D, Huang A, Maddison C J. et al. Mastering the Game of Go with Deep Neural Networks and Tree Search [J]. Nature, 2016(529).

Steiner C J. A Philosophy for Innovation: The Role of Unconventional Individuals in Innovation Success [J]. Journal of Product Innovation Management, 1995, 12(5).

Zhou Z H. A Brief Introduction to Weakly Supervised Learning [J]. National Science Review, 2018, 5(1).

三、报纸

坚定决心意志埋头苦干实干确保如期实现建军一百年奋斗目标[N]. 人民日报,2021-08-01(1).

两院院士大会中国科协第十次全国代表大会在京召开[N]. 人民日报,2021-05-29(1).

潘建伟.量子科技帮我们理解人类智慧[N].光明日报,2020-11-03(8).

吴朝晖.类脑计算——构建“人造超级大脑”[N].人民日报,2022-01-11(20).

习近平.担负起新的文化使命 努力建设中华民族现代文明[N].人民日报,2023-06-03(1).

习近平.高举中国特色社会主义伟大旗帜全面建设社会主义现代化国家而团结奋斗[N].人民日报,2022-10-26(1).

习近平.加快建设教育强国为中华民族伟大复兴提供有力支撑[N].人民日报,2023-05-30(1).

习近平.加快建设以实体经济为支撑的现代化产业体系以人口高质量发展支撑中国式现代化[N].人民日报,2023-05-06(1).

习近平.决胜全面建成小康社会,夺取新时代中国特色社会主义伟大胜利[N].人民日报,2017-10-28(1).

习近平.牢牢把握高质量发展这个首要任务[N].人民日报,2023-03-06(1).

习近平.敏锐把握世界科技创新发展趋势,切实把创新驱动发展战略实施好[N].人民日报,2013-10-02(1).

习近平.切实加强基础研究 夯实科技自立自强根基[N].人民日报,2023-02-23(1).

习近平.为建设世界科技强国而奋斗——在全国科技创新大会、两院院士大会、中国科协第九次全国代表大会上的讲话[N].人民日报,2016-06-01.

习近平.携手构建合作共赢新伙伴同心打造人类命运共同体——在第七十届联合国大会一般性辩论时的讲话[N].人民日报,2015-09-29(2).

习近平.在党的十八届五中全会第二次全体会议上的讲话[N].人民

日报，2015-10-30(2).

习近平.在金砖国家领导人第十五次会晤上的讲话[N].人民日报，2023-08-23(1).

习近平.在金砖国家领导人约翰内斯堡会晤大范围会议上的讲话[N].人民日报，2018-07-27(3).

习近平.在科学家座谈会上的讲话[N].人民日报，2020-09-12(2).

习近平.在欧美同学会成立100周年庆祝大会上的讲话[N].人民日报，2013-10-22(1).

习近平.在十八届中央政治局第九次集体学习时的讲话[N].人民日报，2013-10-30(2).

习近平.在中国科学院第二十次院士大会、中国工程院第十五次院士大会、中国科协第十次全国代表大会上的讲话[N].人民日报，2021-05-29(2).

习近平.在中国科学院第十九次院士大会、中国工程院第十四次院士大会上的讲话[N].人民日报，2018-05-29(2).

习近平.在中国科学院第十七次院士大会、中国工程院第十二次院士大会上的讲话[N].人民日报，2014-06-10(3).

中央经济工作会议在北京举行[N].人民日报，2023-12-13(1).

中央宣讲团在中科院系统宣讲党的十九届五中全会精神[N].人民日报，2020-11-18(3).

四、报告

吴朝晖.加快创新型省份建设，增强高质量发展功能——浙江政协·崇学讲坛第十九讲报告[R].杭州：浙江大学，2020-06-08.

吴朝晖.面向美好生活，以智慧健康架起健康浙江建设之路[R].

2020-09-24.

吴朝晖. 推进“双一流”建设：目标和任务——在浙江大学2017年暑期工作会议上的报告[R]. 杭州：浙江大学，2017-09-07. 吴朝晖. 以重大应用需求牵引基础研究的科技创新路径研究报告[R]. 2020-07-03.

吴朝晖. 应对变局　开拓新局　以卓越创新引领学校“十四五”改革发展新征程——在浙江大学2020年暑期工作会议上的报告[R]. 杭州：浙江大学，2020-08-24.

吴朝晖. 重点交叉前沿领域动态研判与增进机制研究报告[R]. 2023-07-18.

吴朝晖. 主动引领创新范式转型，争做新物质科学的开拓者——在“基于范式转变的新物质创利”西湖学术论坛上的报告[R]. 杭州：浙江大学，2021-12-15.

吴朝晖. 追求卓越不止步，改革创新再出发，为迈向世界一流大学前列而不懈奋斗——在浙江大学2019年暑期工作会议上的报告[R]. 杭州：浙江大学，2019-08-26.

五、网络电子公告

陈劲，陈元志. 面向社会主义现代化强国的科技创新[EB/OL].(2023-01-13)[2024-02-19]. https://theory.gmw.cn/2023-01/13/content_36300308.htm.

陈元志，陈劲. 落实“五大任务”，加快实现高水平推进科技自立自强[EB/OL].(2022-11-15)[2024-02-19]. https://theory.gmw.cn/2022-11/15/content_36159910.htm.

新华社. 中共中央关于党的百年奋斗重大成就和历史经验的决议[EB/OL].(2021-11-16)[2024-02-19]. http://www.news.cn/2021-11/

16/c_1128069706. htm.

新华网. 中华人民共和国国民经济和社会发展第十四个五年规划和2035年远景目标纲要[EB/OL].（2021-03-13）[2024-02-19]. http://www. xinhuanet. com/2021-03/13/c_1127205564. htm.

Burridge N. Artificial Intelligence Gets a Seat in the Boardroom: Hong Kong Venture Capitalist Sees AI Running Asian Companies within 5 Years[EB/OL].(2017-05-10)[2024-02-19]. https://asia. nikkei. com/Business/Artificial-intelligence-gets-a-seat-in-the-boardroom.

六、论文集

乔治·萨顿. 科学的历史研究[C]. 陈恒六，刘兵，仲维光，编译. 上海：上海交通大学出版社，2007.